THE ORDER OF BAPTISM OF CHILDREN

RITUAL PARA EL BAUTISMO DE LOS NIÑOS

I0807940

RITUAL PARA EL BAUTISMO DE LOS NIÑOS

TRADUCCIÓN AL ESPAÑOL DE ACUERDO A LA SEGUNDA EDICIÓN TÍPICA

Para el uso en las diócesis de los Estados Unidos de América

Aprobado por la
Conferencia de Obispos Católicos de los Estados Unidos
y confirmado por la Sede Apostólica

2009

LITURGICAL PRESS
Collegeville, Minnesota

www.litpress.org

THE ORDER OF BAPTISM OF CHILDREN

ENGLISH TRANSLATION ACCORDING
TO THE SECOND TYPICAL EDITION

For Use in the Dioceses of the United States of America

Approved by the
United States Conference of Catholic Bishops
and Confirmed by the Apostolic See

2020

LITURGICAL PRESS
Collegeville, Minnesota

www.litpress.org

Nihil Obstat: Robert Harren, J.C.L., *Censor deputatus.*

Imprimatur: ✠ Donald J. Kettler, J.C.L., Obispo de Saint Cloud, el 29 de octubre de 2019.

Publicado con la aprobación del Comité para el Culto Divino, Conferencia de Obispos Católicos de los Estados Unidos.

Ritual para el Bautismo de los Niños © 1996 Comisión Episcopal de Pastoral Litúrgica de la Conferencia del Episcopado Mexicano. *Leccionario III* © 1993 Comisión Episcopal de Pastoral Litúrgica de la Conferencia del Episcopado Mexicano. Se reservan todos los derechos.

Extractos del *Misal Romano, tercera edición* © 2014 United States Conference of Catholic Bishops – Conferencia Episcopal Mexicana. Se reservan todos los derechos.

Salmos de la *Liturgia de las Horas* © 1979. Propiedad de la Comisión Episcopal Española de Liturgia, publicados con las debidas licencias.

Compilación de textos nuevos adicionales © 2009, 2019 United States Conference of Catholic Bishops, Washington, DC. Se reservan todos los derechos. Ninguna porción de este trabajo puede reproducirse o ser transmitida en forma o medio alguno, ya sea electrónico o mecánico, incluyendo fotocopias, grabaciones, o por cualquier sistema de recuperación y almacenaje de información, sin el permiso por escrito del propietario de los derechos.

Diseño de la portada por Monica Bokinskie. Arte por Frank Kacmarcik, OblSB.

Publicado por Liturgical Press, Collegeville, Minnesota. Impreso en los EE. UU. de América.

ISBN 978-0-8146-6554-1

Nihil Obstat: Reverend Robert Harren, J.C.L., *Censor deputatus*.

Imprimatur: ✠ Most Reverend Donald J. Kettler, J.C.L., Bishop of Saint Cloud, October 29, 2019.

Published with the approval of the Committee on Divine Worship, United States Conference of Catholic Bishops.

The English translation of *The Order of Baptism of Children* © 2017, International Commission on English in the Liturgy Corporation (ICEL); the English translation of Psalm Responses, Alleluia Verses, and Conclusions to the Readings from the *Lectionary for Mass* © 1969, 1981, 1997, ICEL; excerpts from the English translation of *The Roman Missal* © 2010, ICEL; excerpts from the English translation of *The Order of Confirmation* © 2013, ICEL. All rights reserved.

Excerpts from the *Lectionary for Mass for Use in the Dioceses of the United States, second edition* Copyright © 1970, 1986, 1992, 1998, 2001 Confraternity of Christian Doctrine, Inc., Washington, D.C. All rights reserved. No part of this work may be reproduced or transmitted in any form or by any means, electronic or mechanical, including photocopying, recording, or by any information storage and retrieval system, without permission in writing from the copyright owner.

Abbey Psalms and Canticles, prepared by the monks of Conception Abbey © 2010, 2018 United States Conference of Catholic Bishops, Washington, DC (USCCB); some additional texts for the Dioceses of the United States of America © 2017 USCCB. All rights reserved. No part of these works may be reproduced or transmitted in any form or by any means, electronic or mechanical, including photocopying, recording, or by any information storage and retrieval system, without permission in writing from the copyright holders.

Cover design by Monica Bokinskie. Art by Frank Kacmarcik, OblSB.

Published by Liturgical Press, Collegeville, Minnesota. Printed in the United States of America.

ISBN 978-0-8146-6554-1

ÍNDICE

CONTENTS

LA INICIACIÓN CRISTIANA

Por los sacramentos de la iniciación cristiana, los hombres, libres del poder de las tinieblas, muertos, sepultados y resucitados con Cristo, reciben el Espíritu de los hijos de adopción y celebran con todo el Pueblo de Dios el memorial de la muerte y resurrección del Señor.[1]

En efecto, incorporados a Cristo por el Bautismo, constituyen el Pueblo de Dios, reciben el perdón de todos sus pecados, son arrancados del dominio de las tinieblas y pasan al estado de hijos adoptivos,[2] convertidos en una nueva creatura por el agua y el Espíritu Santo. Por esto, se llaman y son hijos de Dios.[3] Marcados luego en la Confirmación por el don del Espíritu, son más perfectamente configurados al Señor y llenos del Espíritu Santo, a fin de que den testimonio de él ante el mundo, para llevar cuanto antes el Cuerpo de Cristo a su plenitud.[4] Finalmente, participando en la asamblea eucarística, comen la carne del Hijo del hombre y beben su sangre, a fin de recibir la vida eterna[5] y expresar la unidad del Pueblo de Dios; y, ofreciéndose a sí mismos con Cristo, contribuyen al sacrificio universal en el cual se ofrece a Dios, a través del Sumo Sacerdote, toda la ciudad misma re-

1. Cfr. Concilio Vaticano II, Decreto *Ad gentes*, sobre la actividad misionera de la Iglesia, n. 14.
2. Cfr. Col 1, 13; Rom 8, 15; Gal 4, 5: Cfr. Concilio Tridentino, Sesion VI, *Decretum de iustificatione*, cap. 4; Denz.-Schön., 1524.
3. Cfr. I Jn 3, 1.
4. Cfr. Concilio Vaticano II, Decreto *Ad gentes*, sobre la actividad misionera de la Iglesia, n. 36.
5. Cfr. Jn 6, 55.

CHRISTIAN INITIATION

Through the Sacraments of Christian Initiation all who have been freed from the power of darkness and have died, been buried and been raised with Christ, receive the Spirit of filial adoption and celebrate with the entire People of God the memorial of the Lord's Death and Resurrection.[1]

For, having been incorporated into Christ through Baptism, they are formed into the People of God, and, having received the remission of all their sins and been rescued from the power of darkness, they are brought to the status of adopted sons and daughters,[2] being made a new creation by water and the Holy Spirit. Hence they are called, and indeed are, children of God.[3] Sealed with the gift of the same Spirit in Confirmation, they are more perfectly configured to the Lord and filled with the Holy Spirit, so that bearing witness to Christ before the world, they bring the Body of Christ to its full stature without delay.[4] Finally, participating in the Eucharistic assembly (*synaxis*), they eat the Flesh and drink the Blood of the Son of Man, so that they may receive eternal life[5] and show forth the unity of God's people. Offering themselves with Christ, they take part in the universal sacrifice, which is

1. Second Vatican Council, Decree on the Church's Missionary Activity, *Ad gentes*, no. 14.
2. Cf. Colossians 1:13; Romans 8:15; Galatians 4:5. Cf. also Council of Trent, sess. 6., *Decr. de justificatione*, cap. 4: Denz.-Schön. 1524.
3. Cf. 1 John 3:1.
4. Cf. Second Vatican Council, Decree on the Church's Missionary Activity, *Ad gentes*, no. 36.
5. Cf. John 6:55.

dimida;[6] y piden que, por una efusión más plena del Espíritu Santo, llegue todo el género humano a la unidad de la familia de Dios.[7] Por lo tanto, los tres sacramentos de la iniciación cristiana se ordenan entre sí para llevar a su pleno desarrollo a los fieles, que ejercen la misión de todo el pueblo cristiano en la Iglesia y en el mundo.[8]

El Bautismo, puerta de la vida y del Reino, es el primer sacramento de la nueva ley, que Cristo propuso a todos para que tuvieran la vida eterna[9] y que después confió a su Iglesia juntamente con su Evangelio, cuando mandó a los Apóstoles: "Vayan, pues, y enseñen a todas las naciones, bautizándolas en el nombre del Padre y del Hijo y del Espíritu Santo".[10] Por ello, el Bautismo es, en primer lugar, el sacramento de la fe con que los hombres, iluminados por la gracia del Espíritu Santo, responden al Evangelio de Cristo. Así, pues, no hay nada que la Iglesia estime tanto ni hay tarea que ella considere tan suya como reavivar en los catecúmenos o en los padres y padrinos de los niños que se van a bautizar, una fe verdadera y activa, por la cual, uniéndose a Cristo, entren en el pacto de la nueva alianza o lo ratifiquen. A esto se ordenan, en definitiva, tanto la institución pastoral del catecumenado y la preparación de los padres y padrinos como la celebración de la Palabra de Dios y la profesión de fe en el rito bautismal.[11]

El Bautismo es, además, el sacramento por el que los hombres son incorporados a la Iglesia, integrándose en la construcción, para ser morada de Dios, por el Espíritu, "estirpe elegida, sacerdocio real";[12] es también vínculo sacramental de la unidad que existe entre todos los que son marcados con él.[13] Este efecto indeleble, expresado por la litur-

6. Cfr. S. Agustín, *De Civitate Dei*, lib. X, cap. 6; PL 41, 284; Concilio Vaticano II, Constitución dogmática *Lumen gentium*, sobre la Iglesia, n. 11; Decreto *Presbyterorum ordinis*, sobre el ministerio y vida de los presbíteros, n. 2.
7. Cfr. Concilio Vaticano II, Constitución dogmática *Lumen gentium*, sobre la Iglesia, n. 28.
8. Cfr. *ibid*, n. 31.
9. Cfr. Jn 3, 5.
10. Mt 28, 19.
11. Cfr. Ef 2, 22.
12. 1 Pe 2, 9.
13. Cfr. Concilio Vaticano II, Decreto *Unitatis redintegratio*, sobre el ecumenismo, n. 22.

the entire city of the redeemed offered to God through the great High Priest;[6] they also pray that, through a fuller outpouring of the Holy Spirit, the whole human race come into the unity of God's family.[7] Thus the three Sacraments of Christian Initiation so work together that they bring to full stature the Christian faithful, who exercise in the Church and in the world the mission of the entire Christian people.[8]

Baptism, the door to life and to the Kingdom, is the first Sacrament of the New Law, which Christ offered to all that they might have eternal life[9] and which, together with the Gospel, he later entrusted to his Church, when he commanded his Apostles: "Go, teach all nations, baptizing them in the name of the Father, and of the Son, and of the Holy Spirit."[10] Therefore Baptism is first and foremost the Sacrament of that faith by which human beings, enlightened by the grace of the Holy Spirit, respond to the Gospel of Christ. That is why the Church believes that there is nothing more ancient and nothing more proper for herself than to urge all—catechumens, parents of children who are to be baptized, and godparents—to that true and active faith by which, as they hold fast to Christ, they enter into or confirm the New Covenant. In fact, the pastoral instruction of catechumens and the preparation of parents, as well as the celebration of God's Word and the profession of baptismal faith, are all ordered to this end.

Furthermore, Baptism is the Sacrament by which human beings are incorporated into the Church and are built up together into a dwelling place of God in the Spirit,[11] and into a royal priesthood and a holy nation;[12] it is also a sacramental bond of unity linking all who are signed by it.[13] Because of that unchangeable effect (which the very

6. Cf. Saint Augustine, *De civitate Dei* 10, 6: PL 41, 284. Vatican Council II, Dogmatic Constitution on the Church, *Lumen gentium*, no. 11; Decree on the Ministry and Life of Priests, *Presbyterorum ordinis*, no. 2.

7. Cf. Second Vatican Council, Dogmatic Constitution on the Church, *Lumen gentium*, no. 28.

8. Cf. *ibidem*, no. 31.

9. Cf. John 3:5.

10. Matthew 28:19.

11. Cf. Ephesians 2:22.

12. Cf. 1 Peter 2:9.

13. Cf. Second Vatican Council, Decree on Ecumenism, *Unitatis redintegratio*, no. 22.

gia latina en la misma celebración con la crismación de los bautizados en presencia del Pueblo de Dios, hace que el rito del Bautismo merezca el sumo respeto de todos los cristianos y no esté permitida su repetición cuando se ha celebrado válidamente, aunque lo haya sido por hermanos separados.

El Bautismo, baño del agua en la palabra de vida,[14] limpia a los hombres de toda mancha de culpa, tanto original como personal, y los hace partícipes de la naturaleza divina[15] e hijos de Dios.[16] En efecto, el Bautismo, como lo proclaman las oraciones de bendición del agua, es un baño de regeneración[17] por el que nacen hijos de Dios de lo alto. La invocación de la Santísima Trinidad sobre los bautizados hace que los que son marcados con su nombre le sean consagrados y entren en la comunión con el Padre y el Hijo y el Espíritu Santo. Las lecturas bíblicas, la oración de los fieles y la triple profesión de fe están encaminadas a preparar este momento culminante.

Estos efectos, muy superiores a las purificaciones de la antigua ley, los realiza el Bautismo por la fuerza del misterio de la Pasión y Resurrección del Señor. Los bautizados, que han unido su existencia con la de Cristo en una muerte como la suya y han sido sepultados con él en la muerte,[18] son también, juntamente con él, vivificados y resucitados.[19] El Bautismo en efecto, conmemora y actualiza el misterio pascual, haciendo pasar a los hombres de la muerte del pecado a la vida. Por lo tanto, en su celebración debe brillar la alegría de la resurrección, principalmente cuando tiene lugar en la Vigilia pascual o en domingo.

14. Cfr. Ef 5, 26.
15. Cfr. 2 Pe 1, 4.
16. Cfr. Rom 8, 15: Gál 4, 5.
17. Cfr. Ti 3, 5.
18. Cfr. Rom 6, 5. 4.
19. Cfr. Ef 2, 5. 6.

celebration of the Sacrament in the Latin Liturgy makes clear when the baptized are anointed with Chrism, in the presence of the People of God), the rite of Baptism is held in highest honor by all Christians. Nor is it lawful for anyone to repeat it once it has been validly celebrated, even by separated brethren.

Moreover, the washing with water in the word of life,[14] which is what Baptism is, cleanses human beings of every stain of sin, both original and personal, and makes them sharers in the divine nature[15] and in filial adoption.[16] For Baptism, as is proclaimed in the prayers for the blessing of water, is the washing of regeneration[17] of the children of God and of birth from on high. The invocation of the Most Holy Trinity over those who are to be baptized has the effect that, signed with this name, they are consecrated to the Trinity and enter into fellowship with the Father, and the Son, and the Holy Spirit. This is the high point for which the biblical readings, the prayer of the community, and the threefold profession of faith prepare, and to which they lead.

Baptism, far superior to the purifications of the Old Law, produces these effects by virtue of the mystery of the Lord's Passion and Resurrection. Those who are baptized are united with Christ in a death like his, are buried with him in death,[18] and also in him are given life and are raised up.[19] For in Baptism nothing other than the Paschal Mystery is recalled and accomplished, because in it human beings pass from the death of sin into life. Therefore, the joy of the resurrection should shine forth in the celebration of Baptism, especially when it takes place during the Easter Vigil or on a Sunday.

14. Cf. Ephesians 5:26.
15. Cf. 2 Peter 1:4.
16. Cf. Romans 8:15; Galatians 4:5.
17. Cf. Titus 3:5.
18. Cf. Romans 6:5, 4.
19. Cf. Ephesians 2:5-6.

RITO DEL BAUTISMO PARA VARIOS NIÑOS

Rito de la recepción de los niños

Si es posible, celébrese el Bautismo en domingo, por ser el día en que la Iglesia recuerda el misterio pascual, en una ceremonia común para todos los recién nacidos y en presencia de numerosos fieles o, al menos, de parientes, amigos y vecinos, todos los cuales deberán participar activamente.

El padre y la madre son los que deben presentar a los niños a la Iglesia para ser bautizados. Los padrinos deben acompañarlos.

Si los que van a bautizarse son numerosos y están presentes varios sacerdotes o diáconos, éstos pueden ayudar al celebrante para hacer aquellas ceremonias que se mencionarán en su respectivo lugar.

Mientras los fieles cantan un salmo o un himno apropiado, el sacerdote o el diácono celebrante, revestido de alba o roquete y estola, con capa pluvial de color festivo o sin ella, se acerca acompañado por los acólitos a la puerta del templo o al lugar donde estén esperando los padres y los padrinos con los niños.

El celebrante saluda a todos los presentes, de manera especial a los padres y a los padrinos, y les recuerda con breves palabras el gozo con que los padres recibieron a los niños como un don de Dios, que es fuente de toda vida y que ahora quiere hacerlos partícipes de la suya. Lo puede hacer con éstas u otras palabras semejantes:

ORDER OF BAPTISM FOR SEVERAL CHILDREN

Rite of Receiving the Children

Baptism should be celebrated, insofar as possible, on a Sunday, the day on which the Church recalls the Paschal Mystery, and indeed in a common celebration for all the newly born, and with the attendance of a large number of the faithful, or at least of the relatives, friends, and neighbors, and with their active participation.

It is for the father and mother, together with the godparents, to present the child to the Church for Baptism.

If there are very many children to be baptized, and there are several Priests or Deacons present, these may assist the celebrant in performing those rites that are indicated in the text.

The faithful sing a suitable Psalm or hymn, if circumstances allow. Meanwhile, the Priest or Deacon celebrant, wearing an alb or surplice and stole, and even a cope, in a festive color, goes with the ministers to the door of the church, or to that part of the church where the parents and godparents are gathered with those to be baptized.

The celebrant greets those present, especially the parents and godparents, recalling in a few words the joy with which the parents received their children as a gift from God, who is the source of all life and who now wishes to bestow his own life on them. He may use these or similar words:

Hermanos (y hermanas): Con gozo han vivido ustedes en el seno de sus familias el nacimiento de un niño (una niña). Con gozo vienen ahora a la Iglesia a dar gracias a Dios y a celebrar el nuevo y definitivo nacimiento por el Bautismo.

Todos los aquí presentes nos alegramos en este momento, porque se va a acrecentar el número de los bautizados en Cristo.

Dispongámonos a participar activamente.

El celebrante pregunta a los padres de cada niño:

¿Qué nombre quieren darle ustedes a su hijo (hija)?

Padres:

N.

Celebrante:

¿Qué piden a la Iglesia de Dios para N.?

Padres:

El Bautismo.

El celebrante puede usar otras palabras en este diálogo.

A la primera pregunta puede responder otra persona si, según las costumbres locales, tiene el derecho de imponer el nombre.

A la segunda pregunta los padres pueden responder también con otras palabras, como:

La fe, o bien la gracia de Cristo, o bien la entrada en la Iglesia, o bien la vida eterna.

Si son numerosos los niños que van a ser bautizados, el celebrante pregunta al mismo tiempo a todos los padres el nombre de los niños. Cada familia responde sucesivamente. A la segunda pregunta pueden responder todos a la vez.

Celebrante:

¿Qué nombre quieren darle ustedes a su hijo (hija)?

Padres:

N.

Dear parents and godparents:
Your families have experienced great joy at the birth of your children, and the Church shares your happiness.
Today this joy has brought you to the Church
to give thanks to God for the gift of your children
and to celebrate a new birth in the waters of Baptism.
This community rejoices with you,
for today the number of those baptized in Christ will be increased,
and we offer you our support in raising your children
in the practice of the faith.
Therefore, brothers and sisters,
let us now prepare ourselves to participate in this celebration,
listening to God's Word, praying for these children and their families,
and renewing our commitment to the Lord and to his people.

The celebrant first asks the parents of each child:

What name do you give (or: have you given) your child?

Parents:

N.

Celebrant:

What do you ask of God's Church for N.?

Parents:

Baptism.

The celebrant may use other words in this dialogue.

The first reply may be given by another person if, according to local custom, this person has the right to give the name.

In the second reply, the parents may use other words: e.g., Faith or The grace of Christ or Entry into the Church or Eternal life.

If there are many to be baptized, the celebrant may ask all the parents at once for the names of their children:

What name do you give (or: have you given) your child?

Each family replies in turn. The second question may be put to all at once in the plural.

Celebrante:
¿Qué piden a la Iglesia de Dios para sus niños?

Todos:
El Bautismo.

El celebrante se dirige luego a los padres con éstas u otras palabras semejantes:

Ustedes, padres que piden el Bautismo para sus hijos, deben darse cuenta de que contraen la obligación de educarlos en la fe, para que, guardando los mandamientos divinos, amen a Dios y a su prójimo, como Cristo nos enseñó.

¿Se dan ustedes cuenta de la obligación que contraen?

Padres:
Sí, nos damos cuenta.

Esta respuesta debe darla cada uno de los matrimonios por separado; si son numerosos los niños, pueden responder todos los padres al mismo tiempo.

Enseguida el celebrante se vuelve a los padrinos y los interroga con éstas u otras palabras semejantes:

Y ustedes, padrinos,
¿están dispuestos a ayudar a los padres de estos niños a cumplir con esa obligación?

Todos los padrinos responden al mismo tiempo:
Sí, estamos dispuestos.

El celebrante prosigue:

N., N., la Iglesia de Dios los recibe a ustedes con gran alegría.
En nombre de ella yo los marco con la señal de la cruz.
Y ustedes, padres (y padrinos),
hagan también sobre ellos la señal de la cruz.

El celebrante en silencio traza la señal de la cruz en la frente de cada niño e invita a los padres y, si parece oportuno también a los padrinos, a que hagan lo mismo.

Celebrant:
What do you ask of God's Church for your children?

All:
Baptism.

Then the celebrant addresses the parents in these or similar words:
In asking for Baptism for your children,
you are undertaking the responsibility
of raising them in the faith,
so that, keeping God's commandments,
they may love the Lord and their neighbor as Christ has taught us.
Do you understand this responsibility?

Parents:
We do.

This reply is given by each family individually; but if the number of children to be baptized is very large, the reply may be given by all together.

Then turning to the godparents, the celebrant asks in these or similar words:
Are you ready to help the parents of these children in their duty?

All the godparents together:
We are.

Then the celebrant continues, saying:
N. and N. (or: Dear children),
the Church of God receives you with great joy.
In her name I sign you with the Sign of the Cross of Christ our Savior;
then, after me, your parents (and godparents) will do the same.

And, without saying anything, he signs each of the children on the forehead. Afterwards he invites the parents, and if it seems appropriate, the godparents, to do the same.

El celebrante invita a los padres, a los padrinos y a todos los presentes a participar en la celebración de la Palabra de Dios. Si las circunstancias lo permiten, se organiza una procesión hasta el lugar previsto para las lecturas; durante el trayecto, puede entonarse un salmo u otro cántico apropiado, por ejemplo: Sal 85 (84), 7–9ab.

Salmo 85 (84), 7-9ab

¿No vas a devolvernos la vida,
para que tu pueblo se alegre contigo?
Muéstranos, Señor, tu misericordia
y danos tu salvación.
Voy a escuchar lo que dice el Señor:
"Dios anuncia la paz
a su pueblo y a sus amigos".

Puede llevarse a los niños a otro lugar separado, hasta que termine la celebración de la Palabra de Dios.

Liturgia de la Palabra

Lecturas bíblicas y homilía

Se lee una o algunas de las siguientes perícopas, si se juzga conveniente. Esta lectura la escuchan todos sentados.

Mt 28, 18–20: *Enseñen a todas las naciones, bautizándolas en el nombre del Padre y del Hijo y del Espíritu Santo* (pág. 104).

Mc 1, 9–11: *Jesús fue bautizado por Juan en el Jordán y se vio el Espíritu descender sobre él* (pág. 106).

Mc 10, 13–16: *Dejen que los niños se acerquen a mí* (pág. 106).

Jn 3, 1–6: *Quien no nace del agua y del Espíritu no puede entrar en el Reino de Dios* (pág. 110).

Pueden elegirse también las perícopas págs. 84–94 y 104–18 que se encuentran en el Leccionario u otras que se ajusten mejor a las circunstancias o deseos de los padres.

Entre las lecturas pueden cantarse los salmos responsoriales con sus respuestas, tal como se proponen en las págs. 96–102.

The celebrant invites the parents, godparents, and others present to take part in the celebration of the Word of God. If circumstances permit, a procession to the appointed place takes place with singing (e.g., Psalm 85 [84]:7-9ab).

Psalm 85 (84):7-9ab

Will you not restore again our life,
that your people may rejoice in you?
Show us, O Lord, your mercy,
and grant us your salvation.
I will hear what the Lord God speaks;
he speaks of peace for his people and his faithful.

The children to be baptized may be taken to a separate place, until the celebration of the Word of God is completed.

Sacred Celebration of the Word of God

Biblical Readings and Homily

If it seems appropriate, one, or even two, of the following passages is read, while all are seated.

Mt 28:18-20: *Go, therefore, and make disciples of all nations, baptizing them in the name of the Father, and of the Son, and of the Holy Spirit* (p. 105).

Mk 1:9-11: *Jesus was baptized in the Jordan by John* (p. 107).

Mk 10:13-16: *Let the children come to me; do not prevent them* (p. 107).

Jn 3:1-6: *No one can see the Kingdom of God without being born from above* (p. 111).

The passages that are to be found on pp. 85–95 and 105–19, or others suited to the wishes or needs of the parents, may also be chosen.

Between the Readings, the Responsorial Psalms or the Verses provided on pp. 97–103 may be sung.

Después de la lectura, el celebrante hace una breve homilía sobre lo que se acaba de leer, explicando los misterios del Bautismo y exponiendo las obligaciones que en él contraen los padres y los padrinos.

Después de la homilía, o bien, después de la letanía o dentro de esta última, se aconseja que haya un momento de silencio, durante el cual el celebrante invita a todos a orar profundamente.

Oración de los fieles

Después se hace la oración de los fieles.

Celebrante:

Hermanos (y hermanas), invoquemos la misericordia de nuestro Señor Jesucristo, en favor de estos niños (estas niñas), que van a recibir la gracia del Bautismo, en favor de sus padres y padrinos, y de todos los bautizados.

Lector:

Para que por el Bautismo, que de modo tan admirable nos hace participar del misterio de tu muerte y resurrección, des nueva vida a estos niños (estas niñas) y los (las) incorpores a tu santa Iglesia.

Todos:

Te rogamos, óyenos.

Lector:

Para que por el Bautismo y la Confirmación, los (las) hagas discípulos (discípulas) fieles y testigos de tu Evangelio.

Todos:

Te rogamos, óyenos.

Lector:

Para que después de una vida santa, los (las) lleves a gozar de tu presencia.

Todos:

Te rogamos, óyenos.

After the Reading, the celebrant preaches a brief homily in which light is shed on what has been read, and those present are led to a deeper understanding of the mystery of Baptism and to a more eager fulfillment of the responsibility that arises from it, especially for parents and godparents.

After the Homily, or after the Litany, or even during the Litany, it is recommended that there be a period of silence in which all, invited by the celebrant, pray in their hearts.

Prayer of the Faithful

Then the Prayer of the Faithful takes place.

Celebrant:

Dear brothers and sisters,
let us invoke the mercy of our Lord Jesus Christ
for these children about to receive the grace of Baptism,
and for their parents, godparents, and all the baptized.

Lector:

Give these children new birth in Baptism
through the radiant divine mystery of your Death and Resurrection,
and join them to your holy Church:

All:

Lord, we ask you, hear our prayer.

Lector:

Make them faithful disciples and witnesses to your Gospel
through Baptism and Confirmation:

All:

Lord, we ask you, hear our prayer.

Lector:

Lead them through holiness of life
to the joys of the heavenly Kingdom:

All:

Lord, we ask you, hear our prayer.

Lector:

Para que sus padres y padrinos sean para ellos (ellas) un ejemplo vivo de fe.

Todos:

Te rogamos, óyenos.

Lector:

Para que conserves siempre en tu amor a sus familias.

Todos:

Te rogamos, óyenos.

Lector:

Para que renueves en nosotros la gracia del Bautismo.

Todos:

Te rogamos, óyenos.

Se pueden utilizar otros formularios opcionales para la oración los fieles.

A continuación, el celebrante invita a los presentes a invocar a los santos. En este momento, se introduce a los niños en la iglesia, si se les había llevado a otro lugar al comienzo de la celebración de la Palabra.

Santa María, Madre de Dios, **ruega por nosotros.**
San Juan Bautista, **ruega por nosotros.**
San José, **ruega por nosotros.**
San Pedro y san Pablo, **rueguen por nosotros.**

Es conveniente añadir los nombres de otros santos, sobre todo de los patronos de los niños, del templo o del lugar.

San N. (o Santa N.), **ruega por nosotros.**

Al final se dice:

Todos los santos y santas de Dios, **rueguen por nosotros.**

Se puede utilizar la fórmula extensa opcional de las letanías.

Lector:

Make their parents and godparents
a shining example of the faith to these children:

All:

Lord, we ask you, hear our prayer.

Lector:

Keep their families always in your love:

All:

Lord, we ask you, hear our prayer.

Lector:

Renew the grace of Baptism in each of us:

All:

Lord, we ask you, hear our prayer.

Other optional formulas may be used.

Afterwards, the celebrant invites those present to invoke the aid of the Saints (if the circumstances require, the children are brought back into the church):

Holy Mary, Mother of God, **pray for us.**
Saint John the Baptist, **pray for us.**
Saint Joseph, **pray for us.**
Saint Peter and Saint Paul, **pray for us.**

It is good to add the names of other Saints, especially those who are Patron Saints of the children or of the church or of the place. Then the Litany concludes:

All holy men and women, Saints of God, **pray for us.**

Optional extended form of the Litany may be used.

Exorcismo y unción prebautismal

Terminadas las invocaciones, el celebrante dice:

Dios todopoderoso y eterno,
que enviaste a tu Hijo al mundo
para que nos librara del dominio de Satanás,
el espíritu del mal,
y una vez arrancados de las tinieblas,
nos llevara al reino admirable de tu luz,
te pedimos que en estos niños (estas niñas),
libres ya del pecado original,
habite el Espíritu Santo,
y sean así templo de tu majestad.
Por Jesucristo, nuestro Señor.

Todos:

Amén.

Se puede utilizar otra fórmula de exorcismo.

Prosigue el celebrante:

Para que el poder de Cristo Salvador los fortalezca,
los ungimos con este óleo de salvación
en el nombre del mismo Jesucristo, Señor nuestro,
que vive y reina por los siglos de los siglos.

Todos:

Amén.

Cada niño es ungido en el pecho con el óleo de los catecúmenos. En esto pueden ayudar otros ministros ordenados.

Según las normas de la Conferencia Episcopal de los Estados Unidos, se puede omitir la unción prebautismal, sólo cuando el ministro del Bautismo lo juzgue pastoralmente necesario o conveniente.

En este caso el celebrante dice:

Que los fortalezca la fuerza de Cristo Salvador,
que vive y reina por los siglos de los siglos.

Todos:

Amén.

Prayer of Exorcism and Anointing before Baptism

After the invocations, the celebrant says:

Almighty ever-living God,
who sent your Son into the world
to drive out from us the power of Satan, the spirit of evil,
and bring the human race, rescued from darkness,
into the marvelous Kingdom of your light:
we humbly beseech you
to free these children from Original Sin,
to make them the temple of your glory,
and to grant that your Holy Spirit may dwell in them.
Through Christ our Lord.

All:

Amen.

Another formula for the Prayer of Exorcism may be used.

The celebrant continues:

May the strength of Christ the Savior protect you.
As a sign of this we anoint you with the oil of salvation
in the same Christ our Lord,
who lives and reigns for ever and ever.

All:

Amen.

Those to be baptized are anointed one at a time on the breast with the Oil of Catechumens. If there are many children, it is permitted to make use of several ministers.

In the United States, if, for serious reasons, the celebrant judges it pastorally necessary or desirable, the Anointing before Baptism may be omitted. In that case, the celebrant says only once:

May the strength of Christ the Savior protect you;
who lives and reigns for ever and ever.

All:

Amen.

E inmediatamente impone la mano sobre cada uno de los niños, sin decir nada.

Enseguida, si el bautisterio queda fuera del templo o de la vista de los fieles, se organiza una procesión para ir a él.

Pero si está colocado a la vista de la comunidad, entonces solamente van a él los padres, los padrinos con los niños y el celebrante, quedando en su sitio todos los demás.

Si el bautisterio no puede dar cabida a todos los presentes, se puede celebrar el Bautismo en un sitio más adecuado, dentro del mismo templo, acercándose oportunamente los padres y los padrinos.

Mientras tanto, si se puede hacer dignamente, se entona un cántico apropiado, por ejemplo, el salmo 23 (22).

Salmo 23 (22)

El Señor es mi pastor, nada me falta:
en verdes praderas me hace recostar;
me conduce hacia fuentes tranquilas
y repara mis fuerzas;
me guía por el sendero justo,
por el honor de su nombre.

Aunque camine por cañadas oscuras,
nada temo, porque tú vas conmigo:
tu vara y tu cayado me sosiegan.

Preparas una mesa ante mí,
enfrente de mis enemigos;
me unges la cabeza con perfume,
y mi copa rebosa.

Tu bondad y tu misericordia me acompañan
todos los días de mi vida,
y habitaré en la casa del Señor
por años sin término.

And immediately, without saying anything, he lays his hand on each of the children.

Then, if the baptistery is outside the church or out of sight of the faithful, there is a procession to it.

But if it is located within view of the congregation, the celebrant, parents, and godparents go there with the children and the others remain in their places.

If the baptistery cannot accommodate all those present, it is permitted to celebrate the Baptism in a more suitable place, with the parents and godparents coming forward at the appropriate time.

Meanwhile, if it can be done with dignity, a suitable liturgical song is sung, e.g., Psalm 23 (22).

Psalm 23 (22)

The Lord is my shepherd;
there is nothing I shall want.
Fresh and green are the pastures
where he gives me repose.
Near restful waters he leads me;
he revives my soul.

He guides me along the right path,
for the sake of his name.
Though I should walk in the valley of the shadow of death,
no evil would I fear, for you are with me.
Your crook and your staff will give me comfort.

You have prepared a table before me
in the sight of my foes.
My head you have anointed with oil;
my cup is overflowing.

Surely goodness and mercy shall follow me
all the days of my life.
In the Lord's own house shall I dwell
for length of days unending.

Celebración del Bautismo

Al llegar a la fuente bautismal, el celebrante recuerda a los presentes, con breves palabras, el admirable designio de Dios que ha querido santificar el cuerpo y el alma del ser humano por medio del agua. Esto puede hacerse con este formulario u otras palabras semejantes:

A Hermanos (y hermanas): Oremos para que Dios todopoderoso conceda a estos niños (estas niñas) renacer a una nueva vida por el agua y el Espíritu Santo.

O bien:

B Hermanos (y hermanas): Sabemos que por medio del sacramento del agua, Dios concede a los creyentes la abundancia de la vida divina. Ahora todos juntos elevemos, pues, nuestra oración para que, por el agua de esta fuente, derrame su gracia sobre estos elegidos (estas elegidas).

Bendición del agua e invocación a Dios

Fuera del tiempo pascual, el celebrante, vuelto hacia la fuente, dice esta bendición:

Dios nuestro,
que con tu poder invisible realizas obras admirables
por medio de los signos sacramentales
y has hecho que tu creatura, el agua, signifique
de muchas maneras la gracia del Bautismo;

Dios nuestro,
cuyo Espíritu aleteaba sobre la superficie de las aguas
en los mismos principios del mundo,
para que ya desde entonces
el agua recibiera el poder de dar la vida;

Dios nuestro,
que incluso en las aguas torrenciales del diluvio
prefiguraste el nuevo nacimiento de los hombres,
al hacer que de una manera misteriosa,
un mismo elemento diera fin al pecado y origen a la virtud;

Celebration of Baptism

When they have come to the font, the celebrant briefly reminds those present of the wonderful plan of God, who willed to sanctify the human soul and body through water. He may do this in these or similar words:

A Let us pray, dear brothers and sisters,
that the Lord God Almighty may bestow new life on these children
by water and the Holy Spirit.

Or:

B Dear brothers and sisters,
you know that God graciously bestows
his abundant life through the sacrament of water
on those who believe.
Let us then raise our minds to him,
and with one heart pray
that he may be pleased to pour out his grace from this font
upon these chosen ones.

Blessing of Water and Invocation of God over the Water

Then, turning to the font, the celebrant says the following Blessing (outside Easter Time):

O God, who by invisible power
accomplish a wondrous effect
through sacramental signs
and who in many ways have prepared water, your creation,
to show forth the grace of Baptism;

O God, whose Spirit
in the first moments of the world's creation
hovered over the waters,
so that the very substance of water
would even then take to itself the power to sanctify;

O God, who by the outpouring of the flood
foreshadowed regeneration,
so that from the mystery of one and the same element of water
would come an end to vice and a beginning of virtue;

Dios nuestro,
que hiciste pasar a pie, sin mojarse, el Mar Rojo
a los hijos de Abraham,
a fin de que el pueblo,
liberado de la esclavitud del faraón,
prefigurara al pueblo de los bautizados;

Dios nuestro,
cuyo Hijo, al ser bautizado por el Precursor
en el agua del Jordán,
fue ungido por el Espíritu Santo;
suspendido en la cruz,
quiso que brotaran de su costado sangre y agua;
y después de su resurrección mandó a sus apóstoles:
"Vayan y enseñen a todas las naciones,
bautizándolas en el nombre del Padre,
y del Hijo y del Espíritu Santo":
mira ahora a tu Iglesia en oración
y abre para ella la fuente del Bautismo.

Que por obra del Espíritu Santo
esta agua adquiera la gracia de tu Unigénito,
para que el hombre, creado a tu imagen,
limpio de su antiguo pecado,
por el sacramento del Bautismo,
renazca a la vida nueva por el agua y el Espíritu Santo.

El celebrante toca el agua con la mano derecha, luego prosigue:

Te pedimos, Señor, que por tu Hijo,
descienda sobre el agua de esta fuente
el poder del Espíritu Santo,
para que todos,
sepultados con Cristo en su muerte por el Bautismo,
resuciten también con él a la vida nueva.
Él, que vive y reina por los siglos de los siglos.

Todos:

Amén.

Se pueden utilizar otras fórmulas opcionales.

O God, who caused the children of Abraham
to pass dry-shod through the Red Sea,
so that the chosen people,
set free from slavery to Pharaoh,
would prefigure the people of the baptized;

O God, whose Son,
baptized by John in the waters of the Jordan,
was anointed with the Holy Spirit,
and, as he hung upon the Cross,
gave forth water from his side along with blood,
and after his Resurrection, commanded his disciples:
"Go forth, teach all nations, baptizing them
in the name of the Father and of the Son and of the Holy Spirit,"
look now, we pray, upon the face of your Church
and graciously unseal for her the fountain of Baptism.

May this water receive by the Holy Spirit
the grace of your Only Begotten Son,
so that human nature, created in your image
and washed clean through the Sacrament of Baptism
from all the squalor of the life of old,
may be found worthy to rise to the life of newborn children
through water and the Holy Spirit.

The celebrant touches the water with his right hand and continues:

May the power of the Holy Spirit,
O Lord, we pray,
come down through your Son
into the fullness of this font,
so that all who have been buried with Christ
by Baptism into death
may rise again to life with him.
Who lives and reigns for ever and ever.

All:

Amen.

Other optional formulas may be used.

En el tiempo pascual, si se ha consagrado el agua en la Vigilia pascual, a fin de que no falte en el Bautismo la acción de gracias y la súplica, se hace la bendición e invocación de Dios sobre el agua, según las fórmulas que se encuentran del Orden, teniendo en cuenta las variantes del texto en el final de las mismas fórmulas.

Renuncia y profesión de fe

El celebrante dice a los padres y padrinos:

Queridos padres y padrinos:
En el sacramento del Bautismo,
el amor de Dios va a infundir, por el agua y el Espíritu Santo,
la vida nueva en estos niños (estas niñas),
que ustedes han presentado a la Iglesia.
Procuren educarlos (educarlas) de tal modo en la fe,
que esa vida divina se vea preservada del pecado
y pueda desarrollarse en ellos (ellas) de día en día.

Así pues, movidos por la fe,
si están ustedes dispuestos a aceptar esta obligación,
recordando el compromiso de su propio Bautismo,
renuncien al pecado y proclamen su fe en Jesucristo, que es la fe de la Iglesia,
en la cual estos niños (estas niñas) van a ser bautizados (bautizadas).

Enseguida les pregunta usando uno de los siguientes formularios:

A ¿Renuncian ustedes a Satanás?

Padres y padrinos:

Sí, renuncio.

Celebrante:

¿Renuncian a todas sus obras?

Padres y padrinos:

Sí, renuncio.

Celebrante:

¿Renuncian a todas sus seducciones?

Padres y padrinos:

Sí, renuncio.

O bien:

During Easter Time, however, if the baptismal water has been consecrated at the Easter Vigil, so that the Baptism may not lack the element of thanksgiving and petition, the blessing and invocation of God over the water takes place in accordance with the formulas found in the *Order of Baptism*, using the textual variation given at the end of these same formulas.

Renunciation of Sin and Profession of Faith

The celebrant instructs the parents and godparents in these words:

Dear parents and godparents:
through the Sacrament of Baptism
the children you have presented
are about to receive from the love of God
new life by water and the Holy Spirit.

For your part, you must strive to bring them up in the faith,
so that this divine life may be preserved from the contagion of sin,
and may grow in them day by day.

If your faith makes you ready to accept this responsibility,
then, mindful of your own Baptism,
renounce sin and profess faith in Christ Jesus,
the faith of the Church,
in which children are baptized.

Then the celebrant questions them:

A Do you renounce Satan?

Parents and godparents:

I do.

Celebrant:

And all his works?

Parents and godparents:

I do.

Celebrant:

And all his empty show?

Parents and godparents:

I do.

Or:

B Celebrante:

¿Renuncian ustedes al pecado,
para vivir en la libertad de los hijos de Dios?

Padres y padrinos:

Sí, renuncio.

Celebrante:

¿Renuncian a todas las seducciones del mal,
para que el pecado no los esclavice?

Padres y padrinos:

Sí, renuncio.

Celebrante:

¿Renuncian a Satanás, padre y autor de todo pecado?

Padres y padrinos:

Sí, renuncio.

En los Estados Unidos, el obispo diocesano, si lo cree conveniente, puede ajustar más a las circunstancias locales esta segunda fórmula, sobre todo donde es necesario que los padres y padrinos renuncien a las supersticiones, adivinaciones y artes mágicas, que suelen ejercitarse con los recién nacidos.

El celebrante solicita de los padres y padrinos la triple profesión de fe:

¿Creen ustedes en Dios,
Padre todopoderoso,
creador del cielo y de la tierra?

Padres y padrinos:

Sí, creo.

Celebrante:

¿Creen en Jesucristo,
su Hijo único y Señor nuestro,
que nació de la Virgen María,
padeció y murió por nosotros,
resucitó y está sentado a la derecha del Padre?

Padres y padrinos:

Sí, creo.

B Celebrant:

Do you renounce sin,
so as to live in the freedom of the children of God?

Parents and godparents:

I do.

Celebrant:

Do you renounce the lure of evil,
so that sin may have no mastery over you?

Parents and godparents:

I do.

Celebrant:

Do you renounce Satan,
the author and prince of sin?

Parents and godparents:

I do.

In the United States, if the occasion requires, this second formula may be adapted with more precision by the Diocesan Bishop, especially when it is necessary that the parents and godparents should renounce superstitions, divinations, and magical arts practiced with reference to the children.

Next, the celebrant elicits the threefold profession of faith by the parents and godparents, saying:

Do you believe in God,
the Father almighty,
Creator of heaven and earth?

Parents and godparents:

I do.

Celebrant:

Do you believe in Jesus Christ, his only Son, our Lord,
who was born of the Virgin Mary,
suffered death and was buried,
rose again from the dead
and is seated at the right hand of the Father?

Parents and godparents:

I do.

Celebrante:

¿Creen en el Espíritu Santo,
en la santa Iglesia católica,
en la comunión de los santos,
en el perdón de los pecados,
en la resurrección de los muertos y en la vida eterna?

Padres y padrinos:

Sí, creo.

El celebrante y la comunidad dan su consentimiento a esta profesión de fe, diciendo:

Ésta es nuestra fe. Ésta es la fe de la Iglesia,
que nos gloriamos de profesar, en Jesucristo, nuestro Señor.

Todos:

Amén.

Oportunamente esta fórmula se puede sustituir por otra. Se puede cantar, también, un canto apropiado, en el que la comunidad expresa su fe.

Bautismo

El celebrante invita a cada familia a que se acerque sucesivamente a la fuente bautismal, y una vez que se le ha dicho el nombre del niño, pregunta a los padres y a los padrinos:

¿Quieren que N. sea bautizado (bautizada) en esta fe de la Iglesia, que todos juntos acabamos de profesar?

Padres y padrinos:

Sí, queremos.

Enseguida el celebrante bautiza al niño, diciendo:

N., yo te bautizo en el nombre del Padre,

(derrama agua sobre la cabeza del niño o lo sumerge)

y del Hijo,

(por segunda vez derrama agua sobre la cabeza del niño o lo sumerge)

y del Espíritu Santo.

(por tercera vez derrama agua sobre la cabeza del niño o lo sumerge).

Celebrant:

Do you believe in the Holy Spirit,
the holy catholic Church,
the communion of saints,
the forgiveness of sins,
the resurrection of the body,
and life everlasting?

Parents and godparents:

I do.

The celebrant, together with the community, gives assent to this profession of faith, saying:

This is our faith. This is the faith of the Church.
We are proud to profess it in Christ Jesus our Lord.

All:

Amen.

Another formula may be substituted, if circumstances suggest. Or a suitable liturgical song, by which the community expresses its faith with one voice, may be sung.

Baptism

The celebrant invites the first family to approach the font. In addition, using the name of the individual child, he asks the parents and godparents:

Is it your will, therefore, that N. should receive Baptism in the faith of the Church, which we have all professed with you?

Parents and godparents:

It is.

And immediately the celebrant baptizes the child, saying:

N., I BAPTIZE YOU IN THE NAME OF THE FATHER,

He immerses the child or pours water over him (her) a first time.

AND OF THE SON,

He immerses the child or pours water over him (her) a second time.

AND OF THE HOLY SPIRIT.

He immerses the child or pours water over him (her) a third time.

En igual forma se procede con cada uno de los niños que han de bautizarse, preguntando a cada familia.

Después del Bautismo de cada niño, es conveniente que se haga una breve aclamación por parte de la comunidad, por ejemplo:

Bendito sea Dios que nos ha elegido en Cristo.

Se pueden utilizar otras aclamaciones apropiadas.

Si el Bautismo se hace por infusión, es conveniente que el niño sea sostenido por la madre (o por el padre); sin embargo, donde se crea que es mejor conservar la costumbre vigente hasta hoy, el niño puede ser sostenido por la madrina (o por el padrino). Si el Bautismo se hace por inmersión, el niño es sacado de la fuente bautismal por los mismos padres o por los padrinos.

Si son numerosos los niños que se van a bautizar, y están presentes varios sacerdotes o diáconos, cada uno de éstos puede bautizar a algunos niños, de la misma manera y con la misma fórmula descrita arriba.

Ritos complementarios

Unción postbautismal

El celebrante dice a continuación:

Dios todopoderoso,
Padre de nuestro Señor Jesucristo,
que los ha librado del pecado
y les ha dado la nueva vida
por el agua y el Espíritu Santo,
los unja con el Crisma de la salvación,
para que, incorporados a su pueblo,
sean para siempre miembros de Cristo, Sacerdote, Profeta y Rey.

Todos:

Amén.

Enseguida, el sacerdote unge a cada uno de los bautizados con el santo Crisma en la coronilla, sin decir nada.

Si están presentes otros ministros, pueden ayudar a ungir, sin decir nada.

He asks the same question and does the same for each child to be baptized.

After the Baptism of each child, it is appropriate for the people to sing a short acclamation, such as:

Blessed be God, who chose you in Christ.

Other optional acclamations may be used.

If the Baptism is celebrated by the pouring of water, it is preferable for the child to be held by the mother (or by the father); however, where it is felt that the existing custom should be retained, the child may be held by the godmother (or by the godfather). If the Baptism is by immersion, the child is lifted from the sacred font by the same person.

If there are many children to be baptized, and there are several Priests or Deacons present, each of them may baptize some of the children, by using the same method and formula described above.

Explanatory Rites

Anointing after Baptism

Then the celebrant says:

Almighty God, the Father of our Lord Jesus Christ,
has freed you from sin,
given you new birth by water and the Holy Spirit,
and joined you to his people.
He now anoints you with the Chrism of salvation,
so that you may remain members of Christ, Priest, Prophet and King,
unto eternal life.

All:

Amen.

Then, without saying anything, the celebrant anoints each baptized child with sacred Chrism on the crown of his (her) head.

If there are a large number of baptized children and there are several Priests or Deacons present, each of them may anoint some of the children with Chrism.

Imposición de la vestidura blanca

El celebrante dice:

N. y N., ya han sido transformados (transformadas)
en una nueva creatura y se han revestido de Cristo.
Que esa vestidura blanca sea para ustedes
el símbolo de su nueva dignidad de cristianos (cristianas).
Con la ayuda de los consejos y ejemplos de sus familiares,
consérvenla sin mancha hasta la vida eterna.

Todos:

Amén.

Y se le impone a cada niño una vestidura blanca. No se admite otro color, a no ser que así lo pida la costumbre local. Es deseable, si la parroquia no lo hace, que las mismas familias proporcionen dicha vestidura.

Entrega de la vela encendida

Después el celebrante toma el cirio pascual encendido, y dice:

Reciban la luz de Cristo.

Una persona de cada familia (por ejemplo el padre o el padrino) enciende la vela del niño bautizado, con el fuego del cirio pascual.

Después el celebrante dice:

A ustedes, padres y padrinos,
se les confía el cuidado de esta luz,
a fin de que estos niños (estas niñas),
que han sido iluminados (iluminadas) por Cristo,
caminen siempre como hijos (hijas) de la luz y,
perseverando en la fe,
puedan salir al encuentro del Señor con todos los santos,
cuando venga al final de los tiempos.

Clothing with a White Garment

The celebrant says:

(N. and N.,) you have become a new creation
and have clothed yourselves in Christ.
May this white garment be a sign to you of your Christian dignity.
With your family and friends to help you by word and example,
bring it unstained into eternal life.

All:

Amen.

And a white garment is placed on each child; another color is not permitted, unless it is demanded by local custom. It is desirable that the families themselves provide this garment.

Handing On of a Lighted Candle

The celebrant then takes the paschal candle and says:

Receive the light of Christ.

One member of each family (e.g., the father or godfather) lights a candle for each child from the paschal candle.

Then the celebrant says:

Parents and godparents,
this light is entrusted to you to be kept burning brightly,
so that your children, enlightened by Christ,
may walk always as children of the light
and, persevering in the faith,
may run to meet the Lord when he comes
with all the Saints in the heavenly court.

Effetá

En los Estados Unidos, el rito del "Effetá" se lleva a cabo, si al celebrante le parece oportuno, tocando con el dedo pulgar los oídos y la boca de cada uno de los niños, diciendo:

El Señor Jesús,
que hizo oír a los sordos y hablar a los mudos,
te conceda, a su tiempo, escuchar su palabra y profesar la fe,
para alabanza y gloria de Dios Padre.

Todos:

Amén.

Si los niños son numerosos, el celebrante dice una sola vez la fórmula en plural (les conceda), omitiendo el tocar los oídos y la boca.

Conclusión del rito

Si el Bautismo no se celebró en el presbiterio, se hace una procesión al altar, durante la cual se llevan encendidas las velas de los bautizados.

Se sugiere que en esta procesión se entone un cántico bautismal, por ejemplo:

Los que han sido bautizados en Cristo,
de Cristo se han revestido.
Aleluya, aleluya.

Padrenuestro

El celebrante, de pie ante el altar, se dirige a los padres, a los padrinos y a todos los presentes, con éstas u otras palabras semejantes:

Hermanos (y hermanas): Estos niños (estas niñas), que han renacido por el Bautismo, se llaman y son hijos (hijas) de Dios. Un día recibirán por la Confirmación la plenitud del Espíritu Santo, se acercarán al altar del Señor, participarán en la mesa de su sacrificio y lo invocarán como Padre en medio de su Iglesia.

"Ephphatha"

In the United States, the "Ephphatha" Rite takes place at the discretion of the celebrant. The celebrant touches the ears and mouth of each child with his thumb, saying:

May the Lord Jesus,
who made the deaf to hear and the mute to speak,
grant that you may soon receive his word with your ears
and profess the faith with your lips,
to the glory and praise of God the Father.

All:

Amen.

If there are many children, the celebrant says the formula once, omitting the touching of the ears and mouth.

Conclusion of the Rite

Afterwards, unless the Baptism took place in the sanctuary, there is a procession to the altar, in which the lighted candles of the newly baptized are carried.

Meanwhile, it is desirable that a baptismal canticle be sung, e.g.:

Baptized in Christ,
you are clothed with Christ,
alleluia, alleluia.

Lord's Prayer

The celebrant, standing before the altar, addresses the parents and godparents and all present in these or similar words:

Dear brothers and sisters:
these children, reborn through Baptism,
are now called children of God, for so indeed they are.

Through Confirmation they will receive the fullness of the Holy Spirit
and, approaching the altar of the Lord,
they will share at the table of his Sacrifice,
and will call upon God as Father in the midst of the Church.

Ahora nosotros, en nombre de estos niños (estas niñas), que son ya hijos (hijas) por el espíritu de adopción que todos hemos recibido, oremos juntos como Cristo nos enseñó.

Y todos dicen juntamente con el celebrante:

Padre nuestro, que estás en el cielo,
santificado sea tu nombre;
venga a nosotros tu reino;
hágase tu voluntad en la tierra como en el cielo.
Danos hoy nuestro pan de cada día;
perdona nuestras ofensas,
como también nosotros perdonamos
a los que nos ofenden;
no nos dejes caer en la tentación,
y líbranos del mal.

Bendición solemne y despedida

Enseguida, el celebrante bendice a las madres (que sostendrán a sus hijos en los brazos), a los padres y a todos los presentes:

El Señor, Dios todopoderoso,
que por su Hijo, nacido de la Virgen María,
alegra a las madres cristianas con la esperanza de la vida eterna,
que ha hecho brillar sobre sus hijos,
las bendiga a ustedes, madres de estos niños (estas niñas),
que se sienten agradecidas por haberlos (haberlas) recibido,
para que permanezcan siempre con ellos (ellas)
en continua acción de gracias,
en Jesucristo, nuestro Señor.

Todos:

Amén.

Celebrante:

El Señor todopoderoso,
que nos ha dado la vida terrena y la celestial,
los bendiga a ustedes, padres de estos niños (estas niñas),
para que juntamente con sus esposas
sean los primeros que, de palabra y de obra,
den testimonio de la fe ante sus hijos (hijas),
en Jesucristo, nuestro Señor.

Now in their name,
and in the spirit of adoption as sons and daughters
which we have all received,
let us pray together as the Lord taught us.

And all say together with the celebrant:

Our Father, who art in heaven,
hallowed be thy name;
thy kingdom come,
thy will be done
on earth as it is in heaven.
Give us this day our daily bread,
and forgive us our trespasses,
as we forgive those who trespass against us;
and lead us not into temptation,
but deliver us from evil.

Blessing and Dismissal

Then the celebrant blesses the mothers, holding their children in their arms, the fathers, and all those present, saying:

The Lord God Almighty,
through his Son, born of the Virgin Mary,
brings joy to Christian mothers
as the hope of eternal life shines forth upon their children.
May he graciously bless the mothers of these children,
so that, as they now give thanks for the gift of their children,
they may always remain united with them in thanksgiving,
in Christ Jesus our Lord.

All:

Amen.

Celebrant:

May the Lord God Almighty,
the giver of life both in heaven and on earth,
bless the fathers of these children,
so that, together with their wives,
they may, by word and example,
prove to be the first witnesses of the faith to their children,
in Christ Jesus our Lord.

Todos:

Amén.

Celebrante:

El Señor todopoderoso,
que nos ha hecho renacer a la vida eterna,
por el agua y el Espíritu Santo,
bendiga abundantemente a todos ustedes,
los aquí presentes,
para que siempre y en todas partes
sean miembros vivos de su pueblo,
y les dé su paz, en Jesucristo, nuestro Señor.

Todos:

Amén.

Celebrante:

La bendición de Dios todopoderoso,
Padre, Hijo ✠, y Espíritu Santo,
descienda sobre ustedes.

Todos:

Amén.

Celebrante:

Pueden ir en paz.

Todos:

Demos gracias a Dios.

Se pueden utilizar otras fórmulas de bendición opcionales.

Después de la bendición y despedida, si se juzga oportuno, pueden todos entonar un cántico apropiado, que exprese el gozo pascual y la acción de gracias o el *Magnificat*.

Si es oportuno, según la costumbre, se mantiene la tradición de presentar a los niños bautizados ante un altar de la santísima Virgen María.

All:

Amen.

Celebrant:

May the Lord God Almighty,
who by water and the Holy Spirit
has given us new birth into eternal life,
abundantly bless his faithful here present,
that always and everywhere they may be active members of his people;
and may he bestow his peace on all who are here,
in Christ Jesus our Lord.

All:

Amen.

Celebrant:

May almighty God bless you,
the Father, and the Son, ✠ and the Holy Spirit.

All:

Amen.

Celebrant:

Go in peace.

All:

Thanks be to God.

Other optional formulas of blessing may be used.

After the blessing, if circumstances suggest, a suitable canticle that expresses paschal joy and thanksgiving or the Canticle of the Blessed Virgin Mary, the Magnificat, may be sung by all.

Where it is the custom to bring the baptized infants to the altar of the Blessed Virgin Mary, this custom should appropriately be retained.

RITO DEL BAUTISMO PARA UN NIÑO

Rito de la recepción del niño

Si es posible, celébrese el Bautismo en domingo, por ser el día en que la Iglesia recuerda el misterio pascual, y en presencia de numerosos fieles o, al menos, de parientes, amigos y vecinos, todos los cuales deberán participar activamente.

El padre y la madre son los que deben presentar al niño a la Iglesia para ser bautizado. Los padrinos deben acompañarlos.

Mientras los fieles cantan un salmo o un himno apropiado, el sacerdote o el diácono celebrante, revestido de alba o roquete y estola, o también de capa pluvial de color festivo, se acerca acompañado por los acólitos a la puerta del templo o al lugar donde estén esperando los padres y los padrinos con el niño.

El celebrante saluda a todos los presentes, de manera especial a los padres y a los padrinos, y les recuerda con breves palabras el gozo con que los padres recibieron a los niños como un don de Dios, que es fuente de toda vida y que ahora quiere hacerlo partícipe de la suya. Lo puede hacer con éstas u otras palabras semejantes:

ORDER OF BAPTISM FOR ONE CHILD

Rite of Receiving the Child

Baptism should be celebrated, insofar as possible, on a Sunday, the day on which the Church recalls the Paschal Mystery, with the attendance of a large number of the faithful, or at least of the relatives, friends, and neighbors, and with their active participation.

It is for the father and mother, together with the godparents, to present the child to the Church for Baptism.

The faithful sing a suitable Psalm or hymn, if circumstances allow. Meanwhile, the Priest or Deacon celebrant, wearing an alb or surplice and stole, and even a cope, in a festive color, goes with the ministers to the door of the church, or to that part of the church where the parents and godparents are gathered with the child.

The celebrant greets those present, especially the parents and godparents, recalling in a few words the joy with which the parents received their child as a gift from God, who is the source of all life and who now wishes to bestow his own life on him (her). He may use these or similar words:

Hermanos (y hermanas): Con gozo han vivido ustedes en el seno de su familia, el nacimiento de un niño (una niña). Con gozo vienen ahora a la iglesia a dar gracias a Dios y a celebrar el nuevo y definitivo nacimiento por el Bautismo.

Todos los aquí presentes nos alegramos en este momento, porque se va a acrecentar el número de los bautizados en Cristo.

Dispongámonos a participar activamente.

El celebrante pregunta a los padres del niño:

¿Qué nombre quieren darle ustedes a su hijo (hija)?

Padres:

N.

Celebrante:

¿Qué piden a la Iglesia de Dios para N.?

Padres:

El Bautismo.

El celebrante puede usar otras palabras en este diálogo.

A la primera pregunta, puede responder otra persona, si según las costumbres locales, tiene el derecho de imponer el nombre.

A la segunda pregunta, los padres pueden responder también con otras palabras, como:

La fe, o bien la gracia de Cristo, o bien la entrada en la Iglesia, o bien la vida eterna.

El celebrante se dirige luego a los padres, con éstas u otras palabras semejantes:

Ustedes, padres que piden el Bautismo para su hijo (hija), deben darse cuenta de que contraen la obligación de educarlo (educarla) en la fe, para que, guardando los mandamientos divinos, ame a Dios y a su prójimo, como Cristo nos enseñó.

¿Se dan ustedes cuenta de la obligación que contraen?

Dear parents and godparents:
Your family has experienced great joy at the birth of your child,
and the Church shares your happiness.
Today this joy has brought you to the Church
to give thanks to God for the gift of your child
and to celebrate a new birth in the waters of Baptism.
This community rejoices with you,
for today the number of those baptized in Christ will be increased,
and we offer you our support in raising your child
in the practice of the faith.
Therefore, brothers and sisters,
let us now prepare ourselves to participate in this celebration,
listening to God's Word, praying for this child and his (her) family,
and renewing our commitment to the Lord and to his people.

The celebrant first asks the parents of the child:

What name do you give (or: have you given) your child?

Parents:

N.

Celebrant:

What do you ask of God's Church for N.?

Parents:

Baptism.

The celebrant may use other words in this dialogue.

The first reply may be given by another person if, according to local custom, this person has the right to give the name.

In the second reply, the parents may use other words: e.g., Faith or The grace of Christ or Entry into the Church or Eternal life.

Then the celebrant addresses the parents in these or similar words:

In asking for Baptism for your child,
you are undertaking the responsibility
of raising him (her) in the faith,
so that, keeping God's commandments,
he (she) may love the Lord and his (her) neighbor as Christ has taught us.
Do you understand this responsibility?

Padres:

Sí, nos damos cuenta.

Enseguida el celebrante se vuelve a los padrinos y los interroga con éstas u otras palabras semejantes:

Y ustedes, padrinos,
¿están dispuestos a ayudar a los padres de este niño (esta niña) a cumplir con esa obligación?

Padrinos:

Sí, estamos dispuestos.

El celebrante prosigue:

N., la Iglesia de Dios te recibe con gran alegría.
En nombre de ella yo te marco con la señal de la cruz.
Y ustedes, padres (y padrinos),
hagan también sobre él (ella) la señal de la cruz.

El celebrante en silencio, traza la señal de la cruz en la frente del niño e invita a que hagan lo mismo los padres y, si parece oportuno, también los padrinos.

El celebrante invita a los padres, a los padrinos y a todos los presentes a participar en la celebración de la Palabra de Dios. Si las circunstancias lo permiten, se organiza una procesión hasta el lugar previsto para las lecturas; durante el trayecto puede entonarse un salmo u otro cántico apropiado, por ejemplo: Sal 85 (84), 7–9ab.

Salmo 85 (84), 7-9ab

¿No vas a devolvernos la vida,
para que tu pueblo se alegre contigo?
Muéstranos, Señor, tu misericordia
y danos tu salvación.
Voy a escuchar lo que dice el Señor:
"Dios anuncia la paz
a su pueblo y a sus amigos".

Parents:

We do.

Then turning to the godparents, the celebrant asks in these or similar words:

Are you ready to help the parents of this child in their duty?

Godparents:

We are (I am).

Then the celebrant continues, saying:

N., the Church of God receives you with great joy.
In her name I sign you with the Sign of the Cross of Christ our Savior;
then, after me, your parents (and godparents) will do the same.

And, without saying anything, he signs the child on the forehead. Afterwards he invites the parents, and if it seems appropriate, the godparents, to do the same.

The celebrant invites the parents, godparents, and others present to take part in the celebration of the Word of God. If circumstances permit, a procession to the appointed place takes place with singing (e.g., Psalm 85 [84]:7-9ab).

Psalm 85 (84):7-9ab

Will you not restore again our life,
that your people may rejoice in you?
Show us, O Lord, your mercy,
and grant us your salvation.
I will hear what the Lord God speaks;
he speaks of peace for his people and his faithful.

Liturgia de la Palabra

Lecturas bíblicas y homilía

Se lee una o algunas de las siguientes perícopas, si se juzga conveniente. Esta lectura la escuchan todos sentados.

Mt 28, 18–20: *Enseñen a todas las naciones, bautizándolas en el nombre del Padre y del Hijo y del Espíritu Santo* (pág. 104).

Mc 1, 9–11: *Jesús fue bautizado por Juan en el Jordán y se vio el Espíritu descender sobre él* (pág. 106).

Mc 10, 13–16: *Dejen que los niños se acerquen a mí* (pág. 106).

Jn 3, 1–6: *Quien no nace del agua y del Espíritu no puede entrar en el Reino de Dios* (pág. 110).

Pueden elegirse también las perícopas págs. 84–94 y 104–18 que se encuentran en el Leccionario u otras que se ajusten mejor a las circunstancias o deseos de los padres.

Entre las lecturas pueden cantarse los salmos responsoriales con sus respuestas, tal como se proponen en las págs. 96–102.

Después de la lectura, el celebrante hace una breve homilía sobre lo que se acaba de leer, explicando los misterios del Bautismo y exponiendo las obligaciones que en él contraen los padres y padrinos.

Después de la homilía, o bien, después de la letanía o dentro de esta última, se aconseja que haya un momento de silencio, durante el cual el celebrante invita a todos a orar profundamente. Si parece oportuno puede hacerse un cántico apropiado.

Oración de los fieles

Después se hace la oración de los fieles.

Celebrante:

Hermanos (y hermanas), invoquemos la misericordia de nuestro Señor Jesucristo, en favor de este niño (esta niña), que va a recibir la gracia del Bautismo, en favor de sus padres y padrinos, y de todos los bautizados.

Sacred Celebration of the Word of God

Biblical Readings and Homily

If it seems appropriate, one, or even two, of the following passages is read, while all are seated.

Mt 28:18-20: *Go, therefore, and make disciples of all nations, baptizing them in the name of the Father, and of the Son, and of the Holy Spirit* (p. 105).

Mk 1:9-11: *Jesus was baptized in the Jordan by John* (p. 107).

Mk 10:13-16: *Let the children come to me; do not prevent them* (p. 107).

Jn 3:1-6: *No one can see the Kingdom of God without being born from above* (p. 111).

The passages that are to be found on pp. 85–95 and 105–19, or others suited to the wishes or needs of the parents, may also be chosen.

Between the Readings, the Responsorial Psalms or the Verses provided in pp. 97–103 may be sung.

After the Reading, the celebrant preaches a brief homily in which light is shed on what has been read, and those present are led to a deeper understanding of the mystery of Baptism and to a more eager fulfillment of the responsibility that arises from it, especially for parents and godparents.

After the Homily, or after the Litany, or even during the Litany, it is recommended that there be a period of silence in which all, invited by the celebrant, pray in their hearts. There follows, if the situation warrants, a suitable liturgical song.

Prayer of the Faithful

Then the Prayer of the Faithful takes place.

Celebrant:

Dear brothers and sisters,
let us invoke the mercy of our Lord Jesus Christ
for this child about to receive the grace of Baptism,
and for his (her) parents, godparents, and all the baptized.

Lector:

Para que por el Bautismo, que de modo tan admirable nos hace participar del misterio de tu muerte y resurrección, des nueva vida a este niño (esta niña) y lo (la) incorpores a tu santa Iglesia.

Todos:

Te rogamos, óyenos.

Lector:

Para que por el Bautismo y la Confirmación, lo (la) hagas discípulo (discípula) fiel y testigo de tu Evangelio.

Todos:

Te rogamos, óyenos.

Lector:

Para que después de una vida santa, lo (la) lleves a gozar de tu presencia.

Todos:

Te rogamos, óyenos.

Lector:

Para que sus padres y padrinos sean para él (ella)
un ejemplo vivo de fe.

Todos:

Te rogamos, óyenos.

Lector:

Para que conserves siempre en tu amor a su familia.

Todos:

Te rogamos, óyenos.

Lector:

Para que renueves en nosotros la gracia del Bautismo.

Todos:

Te rogamos, óyenos.

Se pueden utilizar otros formularios opcionales para la oración los fieles.

A continuación, el celebrante invita a los presentes a invocar a los santos.

Lector:

Give this child new birth in Baptism
through the radiant divine mystery of your Death and Resurrection,
and join him (her) to your holy Church:

All:

Lord, we ask you, hear our prayer.

Lector:

Make him (her) a faithful disciple and witness to your Gospel
through Baptism and Confirmation:

All:

Lord, we ask you, hear our prayer.

Lector:

Lead him (her) through holiness of life
to the joys of the heavenly Kingdom:

All:

Lord, we ask you, hear our prayer.

Lector:

Make his (her) parents and godparents
a shining example of the faith to this child:

All:

Lord, we ask you, hear our prayer.

Lector:

Keep his (her) family always in your love:

All:

Lord, we ask you, hear our prayer.

Lector:

Renew the grace of Baptism in each of us:

All:

Lord, we ask you, hear our prayer.

Other optional formulas may be used.

Afterwards, the celebrant invites those present to invoke the aid of the Saints:

Santa María, Madre de Dios, **ruega por nosotros.**
San Juan Bautista, **ruega por nosotros.**
San José, **ruega por nosotros.**
San Pedro y san Pablo, **rueguen por nosotros.**

Es conveniente añadir los nombres de otros santos, sobre todo de los patronos del niño, del templo o del lugar.

San N. (o Santa N.), **ruega por nosotros.**

Al final se dice:

Todos los santos y santas de Dios, **rueguen por nosotros.**

Se pueden utilizar la fórmula extensa opcional de las letanías.

Exorcismo y unción prebautismal

Terminadas las invocaciones, el celebrante dice:

Dios todopoderoso y eterno,
que enviaste a tu Hijo al mundo
para que nos librara del dominio de Satanás,
el espíritu del mal,
y una vez arrancados de las tinieblas,
nos llevara al reino admirable de tu luz,
te pedimos que en este niño (esta niña),
libre ya del pecado original,
habite el Espíritu Santo,
y sea así templo de tu majestad.
Por Jesucristo, nuestro Señor.

Todos:

Amén.

Se pueden utilizar otra fórmula de exorcismo.

Prosigue el celebrante:

Para que el poder de Cristo Salvador te fortalezca,
te ungimos con este óleo de salvación
en el nombre del mismo Jesucristo, Señor nuestro,
que vive y reina por los siglos de los siglos.

Todos:

Amén.

El niño es ungido en el pecho con el óleo de los catecúmenos.

Holy Mary, Mother of God, **pray for us.**
Saint John the Baptist, **pray for us.**
Saint Joseph, **pray for us.**
Saint Peter and Saint Paul, **pray for us.**

It is good to add the names of other Saints, especially the Patron Saint of the child or of the church or of the place. Then the Litany concludes:

All holy men and women, Saints of God, **pray for us.**

Optional extended form of the Litany may be used.

Prayer of Exorcism and Anointing before Baptism

After the invocations, the celebrant says:

Almighty ever-living God,
who sent your Son into the world
to drive out from us the power of Satan, the spirit of evil,
and bring the human race, rescued from darkness,
into the marvelous Kingdom of your light:
we humbly beseech you
to free this child from Original Sin,
to make him (her) the temple of your glory,
and to grant that your Holy Spirit may dwell in him (her).
Through Christ our Lord.

All:

Amen.

Another formula for the Prayer of Exorcism may be used.

The celebrant continues:

May the strength of Christ the Savior protect you.
As a sign of this we anoint you with the oil of salvation
in the same Christ our Lord,
who lives and reigns for ever and ever.

All:

Amen.

The celebrant anoints the child on the breast with the Oil of Catechumens.

Según las normas de la Conferencia Episcopal de los Estados Unidos, se puede omitir la unción prebautismal, cuando el ministro del Bautismo lo juzgue pastoralmente necesario o conveniente. En este caso el celebrante dice:

Que te fortalezca la fuerza de Cristo Salvador,
que vive y reina por los siglos de los siglos.

Todos:

Amén.

E inmediatamente impone la mano sobre el niño, sin decir nada.

Enseguida, se va al bautisterio, o según sea oportuno, al presbiterio, si allí se celebra el Bautismo.

Celebración del Bautismo

Al llegar a la fuente bautismal, el celebrante recuerda a los presentes, con breves palabras, el admirable designio de Dios que ha querido santificar el cuerpo y el alma del hombre por medio del agua. Esto puede hacerse con uno de estos formularios o palabras semejantes:

A Hermanos (y hermanas): Oremos para que Dios todopoderoso conceda a este niño (esta niña) renacer a una nueva vida por el agua y el Espíritu Santo.

O bien:

B Hermanos (y hermanas): Sabemos que por medio del sacramento del agua, Dios concede a los creyentes la abundancia de la vida divina. Ahora todos juntos elevemos nuestra oración para que, por el agua de esta fuente, derrame su gracia sobre este elegido (esta elegida).

In the United States, if, for serious reasons, the celebrant judges it pastorally necessary or desirable, the Anointing before Baptism may be omitted. In that case, the celebrant says:

May the strength of Christ the Savior protect you;
who lives and reigns for ever and ever.

All:

Amen.

And immediately, without saying anything, he lays his hand on the child.

Then they proceed to the baptistery, or, if circumstances suggest, to the sanctuary, if the Baptism is celebrated there.

Celebration of Baptism

When they have come to the font, the celebrant briefly reminds those present of the wonderful plan of God, who willed to sanctify the human soul and body through water. He may do this in these or similar words:

A Let us pray, dear brothers and sisters,
that the Lord God Almighty may bestow new life on this child
by water and the Holy Spirit.

Or:

B Dear brothers and sisters,
you know that God graciously bestows
his abundant life through the sacrament of water
on those who believe.
Let us then raise our minds to him,
and with one heart pray
that he may be pleased to pour out his grace from this font
upon this chosen one.

Bendición del agua e invocación a Dios

Fuera del tiempo pascual, el celebrante, vuelto hacia la fuente, dice esta bendición:

Dios nuestro,
que con tu poder invisible realizas obras admirables
por medio de los signos sacramentales
y has hecho que tu creatura, el agua, signifique
de muchas maneras la gracia del Bautismo;

Dios nuestro,
cuyo Espíritu aleteaba sobre la superficie de las aguas
en los mismos principios del mundo,
para que ya desde entonces
el agua recibiera el poder de dar la vida;

Dios nuestro,
que incluso en las aguas torrenciales del diluvio
prefiguraste el nuevo nacimiento de los hombres,
al hacer que de una manera misteriosa,
un mismo elemento diera fin al pecado y origen a la virtud;

Dios nuestro,
que hiciste pasar a pie, sin mojarse, el Mar Rojo
a los hijos de Abraham,
a fin de que el pueblo,
liberado de la esclavitud del faraón,
prefigurara al pueblo de los bautizados;

Dios nuestro,
cuyo Hijo, al ser bautizado por el Precursor
en el agua del Jordán,
fue ungido por el Espíritu Santo;
suspendido en la cruz,
quiso que brotaran de su costado sangre y agua;
y después de su resurrección mandó a sus apóstoles:
"Vayan y enseñen a todas las naciones,
bautizándolas en el nombre del Padre,
y del Hijo y del Espíritu Santo":
mira ahora a tu Iglesia en oración
y abre para ella la fuente del Bautismo.

Blessing of Water and Invocation of God over the Water

Then, turning to the font, the celebrant says the following Blessing (outside Easter Time):

O God, who by invisible power
accomplish a wondrous effect
through sacramental signs
and who in many ways have prepared water, your creation,
to show forth the grace of Baptism;

O God, whose Spirit
in the first moments of the world's creation
hovered over the waters,
so that the very substance of water
would even then take to itself the power to sanctify;

O God, who by the outpouring of the flood
foreshadowed regeneration,
so that from the mystery of one and the same element of water
would come an end to vice and a beginning of virtue;

O God, who caused the children of Abraham
to pass dry-shod through the Red Sea,
so that the chosen people,
set free from slavery to Pharaoh,
would prefigure the people of the baptized;

O God, whose Son,
baptized by John in the waters of the Jordan,
was anointed with the Holy Spirit,
and, as he hung upon the Cross,
gave forth water from his side along with blood,
and after his Resurrection, commanded his disciples:
"Go forth, teach all nations, baptizing them
in the name of the Father and of the Son and of the Holy Spirit,"
look now, we pray, upon the face of your Church
and graciously unseal for her the fountain of Baptism.

Que por obra del Espíritu Santo
esta agua adquiera la gracia de tu Unigénito,
para que el hombre, creado a tu imagen,
limpio de su antiguo pecado,
por el sacramento del Bautismo,
renazca a la vida nueva por el agua y el Espíritu Santo.

El celebrante toca el agua con la mano derecha, luego prosigue:

Te pedimos, Señor, que por tu Hijo,
descienda sobre el agua de esta fuente
el poder del Espíritu Santo,
para que todos,
sepultados con Cristo en su muerte por el Bautismo,
resuciten también con él a la vida nueva.
Él, que vive y reina por los siglos de los siglos.

Todos:

Amén.

Se pueden utilizar otras fórmulas opcionales.

En el tiempo pascual, si se ha consagrado el agua en la Vigilia pascual, a fin de que no falte en el Bautismo la acción de gracias y la súplica, se hace la bendición e invocación de Dios sobre el agua, según las fórmulas que se encuentran en de Orden, teniendo en cuenta las variantes del texto en el final de las mismas fórmulas.

Renuncia y profesión de fe

El celebrante dice a los padres y padrinos:

Queridos padres y padrinos:
En el sacramento del Bautismo,
el amor de Dios va a infundir, por el agua y el Espíritu Santo,
la vida nueva en este niño (esta niña),
que ustedes han presentado a la Iglesia.
Procuren educarlo (educarla) de tal modo en la fe,
que esa vida divina se vea preservada del pecado
y pueda desarrollarse en él (ella) de día en día.

May this water receive by the Holy Spirit
the grace of your Only Begotten Son,
so that human nature, created in your image
and washed clean through the Sacrament of Baptism
from all the squalor of the life of old,
may be found worthy to rise to the life of newborn children
through water and the Holy Spirit.

The celebrant touches the water with his right hand and continues:

May the power of the Holy Spirit,
O Lord, we pray,
come down through your Son
into the fullness of this font,
so that all who have been buried with Christ
by Baptism into death
may rise again to life with him.
Who lives and reigns for ever and ever.

All:

Amen.

Other optional formulas may be used.

During Easter Time, however, if the baptismal water has been consecrated at the Easter Vigil, so that the Baptism may not lack the element of thanksgiving and petition, the blessing and invocation of God over the water takes place in accordance with the formulas found in the *Order of Baptism*, using the textual variation given at the end of these same formulas.

Renunciation of Sin and Profession of Faith

The celebrant instructs the parents and godparents in these words:

Dear parents and godparents:
through the Sacrament of Baptism
the child you have presented
is about to receive from the love of God
new life by water and the Holy Spirit.

For your part, you must strive to bring him (her) up in the faith,
so that this divine life may be preserved from the contagion of sin,
and may grow in him (her) day by day.

Así pues, movidos por la fe,
si están ustedes dispuestos a aceptar esta obligación,
recordando el compromiso de su propio Bautismo,
renuncien al pecado y proclamen su fe en Jesucristo, que es la fe de la Iglesia,
en la cual este niño (esta niña) va a ser bautizado (bautizada).

Enseguida les pregunta usando uno de los siguientes formularios:

A ¿Renuncian ustedes a Satanás?

Padres y padrinos:

Sí, renuncio.

Celebrante:

¿Renuncian a todas sus obras?

Padres y padrinos:

Sí, renuncio.

Celebrante:

¿Renuncian a todas sus seducciones?

Padres y padrinos:

Sí, renuncio.

O bien:

B Celebrante:

¿Renuncian ustedes al pecado,
para vivir en la libertad de los hijos de Dios?

Padres y padrinos:

Sí, renuncio.

Celebrante:

¿Renuncian a todas las seducciones del mal,
para que el pecado no los esclavice?

Padres y padrinos:

Sí, renuncio.

Celebrante:

¿Renuncian a Satanás, padre y autor de todo pecado?

Padres y padrinos:

Sí, renuncio.

If your faith makes you ready to accept this responsibility,
then, mindful of your own Baptism,
renounce sin and profess faith in Christ Jesus,
the faith of the Church,
in which children are baptized.

Then the celebrant questions the parents and godparents:

A Do you renounce Satan?

Parents and godparents:

I do.

Celebrant:

And all his works?

Parents and godparents:

I do.

Celebrant:

And all his empty show?

Parents and godparents:

I do.

Or:

B Celebrant:

Do you renounce sin,
so as to live in the freedom of the children of God?

Parents and godparents:

I do.

Celebrant:

Do you renounce the lure of evil,
so that sin may have no mastery over you?

Parents and godparents:

I do.

Celebrant:

Do you renounce Satan,
the author and prince of sin?

Parents and godparents:

I do.

En los Estados Unidos, el obispo diocesano, si lo cree conveniente, puede ajustar más a las circunstancias locales esta segunda fórmula, sobre todo donde es necesario que los padres y padrinos renuncien a las supersticiones, adivinaciones y artes mágicas, que suelen ejercitarse con los recién nacidos.

El celebrante solicita luego de los padres y padrinos la triple profesión de fe:

¿Creen ustedes en Dios,
Padre todopoderoso,
creador del cielo y de la tierra?

Padres y padrinos:

Sí, creo.

Celebrante:

¿Creen en Jesucristo,
su Hijo único y Señor nuestro,
que nació de la Virgen María,
padeció y murió por nosotros,
resucitó y está sentado a la derecha del Padre?

Padres y padrinos:

Sí, creo.

Celebrante:

¿Creen en el Espíritu Santo,
en la santa Iglesia católica,
en la comunión de los santos,
en el perdón de los pecados,
en la resurrección de los muertos y en la vida eterna?

Padres y padrinos:

Sí, creo.

El celebrante y la comunidad dan su consentimiento a esta profesión de fe, diciendo:

Ésta es nuestra fe. Ésta es la fe de la Iglesia,
que nos gloriamos de profesar, en Jesucristo, nuestro Señor.

Todos:

Amén.

In the United States, if the occasion requires, this second formula may be adapted with more precision by the Diocesan Bishop, especially when it is necessary that the parents and godparents should renounce superstitions, divinations, and magical arts practiced with reference to the child.

Next, the celebrant elicits the threefold profession of faith by the parents and godparents, saying:

Do you believe in God,
the Father almighty,
Creator of heaven and earth?

Parents and godparents:

I do.

Celebrant:

Do you believe in Jesus Christ, his only Son, our Lord,
who was born of the Virgin Mary,
suffered death and was buried,
rose again from the dead
and is seated at the right hand of the Father?

Parents and godparents:

I do.

Celebrant:

Do you believe in the Holy Spirit,
the holy catholic Church,
the communion of saints,
the forgiveness of sins,
the resurrection of the body,
and life everlasting?

Parents and godparents:

I do.

The celebrant, together with the community, gives assent to this profession of faith, saying:

This is our faith. This is the faith of the Church.
We are proud to profess it in Christ Jesus our Lord.

All:

Amen.

Oportunamente esta fórmula puede ser sustituida por otra. Se puede cantar, también, un canto apropiado, en el que la comunidad expresa su fe.

Bautismo

El celebrante invita a la familia para que se acerque a la fuente bautismal, y una vez que se le ha dicho el nombre del niño, pregunta a los padres y a los padrinos:

¿Quieren que N. sea bautizado (bautizada) en esta fe de la Iglesia, que todos juntos acabamos de profesar?

Padres y padrinos:

Sí, queremos.

Enseguida el celebrante bautiza al niño, diciendo:

N., yo te bautizo en el nombre del Padre,

(derrama agua sobre la cabeza del niño o lo sumerge)

y del Hijo,

(por segunda vez derrama agua sobre la cabeza del niño o lo sumerge)

y del Espíritu Santo.

(por tercera vez derrama agua sobre la cabeza del niño o lo sumerge)

Después del Bautismo, es conveniente que se haga una breve aclamación por parte de la comunidad, por ejemplo:

Bendito sea Dios que nos ha elegido en Cristo.

Se pueden utilizar otras aclamaciones apropiadas.

Si el Bautismo se hace por infusión, es conveniente que el niño sea sostenido por la madre (o por el padre): sin embargo, donde se crea que es mejor conservar la costumbre vigente hasta hoy, el niño puede ser sostenido por la madrina (o por el padrino). Si el Bautismo se hace por inmersión, el niño es sacado de la fuente bautismal por los mismos padres o por los padrinos.

Another formula may be substituted, if circumstances suggest. Or a suitable liturgical song, by which the community expresses its faith with one voice, may be sung.

Baptism

The celebrant invites the family to approach the font. In addition, using the name of the child, he asks the parents and godparents:

Is it your will, therefore, that N. should receive Baptism in the faith of the Church, which we have all professed with you?

Parents and godparents:

It is.

And immediately the celebrant baptizes the child, saying:

N., I BAPTIZE YOU IN THE NAME OF THE FATHER,

He immerses the child or pours water over him (her) a first time.

AND OF THE SON,

He immerses the child or pours water over him (her) a second time.

AND OF THE HOLY SPIRIT.

He immerses the child or pours water over him (her) a third time.

After the Baptism of the child, it is appropriate for the people to sing a short acclamation, such as:

Blessed be God, who chose you in Christ.

Other optional acclamations may be used.

If the Baptism is celebrated by the pouring of water, it is preferable for the child to be held by the mother (or by the father); however, where it is felt that the existing custom should be retained, the child may be held by the godmother (or by the godfather). If the Baptism is by immersion, the child is lifted from the sacred font by the same person.

Ritos complementarios

Unción postbautismal

El celebrante dice a continuación:

Dios todopoderoso,
Padre de nuestro Señor Jesucristo,
que te ha librado del pecado
y te ha dado la nueva vida
por el agua y el Espíritu Santo,
te unja con el Crisma de la salvación,
para que, incorporado (incorporada) a su pueblo,
seas para siempre miembro de Cristo, Sacerdote, Profeta y Rey.

Todos:

Amén.

Enseguida, el sacerdote unge al niño con el santo Crisma en la coronilla, sin decir nada.

Imposición de la vestidura blanca

El celebrante dice:

N., ya has sido transformado (transformada)
en una nueva creatura y te has revestido de Cristo.
Que esta vestidura blanca sea para ti
el símbolo de tu nueva dignidad de cristiano (cristiana).
Con la ayuda de los consejos y ejemplos de tus familiares,
consérvala sin mancha hasta la vida eterna.

Todos:

Amén.

Y se le impone al niño una vestidura blanca. No se admite otro color, a no ser que así lo pida la costumbre local. Es deseable, si la parroquia no lo hace, que la misma familia proporcione dicha vestidura.

Explanatory Rites

Anointing after Baptism

Then the celebrant says:

Almighty God, the Father of our Lord Jesus Christ,
has freed you from sin,
given you new birth by water and the Holy Spirit,
and joined you to his people.
He now anoints you with the Chrism of salvation,
so that you may remain as a member of Christ, Priest, Prophet and King,
unto eternal life.

All:

Amen.

Then, without saying anything, the celebrant anoints the child with sacred Chrism on the crown of his (her) head.

Clothing with a White Garment

The celebrant says:

N., you have become a new creation
and have clothed yourself in Christ.
May this white garment be a sign to you of your Christian dignity.
With your family and friends to help you by word and example,
bring it unstained into eternal life.

All:

Amen.

And a white garment is placed on the child; another color is not permitted, unless it is demanded by local custom. It is desirable that the family itself provide this garment.

Entrega de la vela encendida

Después el celebrante toma el cirio pascual encendido, y dice:

Recibe la luz de Cristo.

Una persona de la familia (por ejemplo el padre o el padrino) enciende la vela del niño bautizado, con el fuego del cirio pascual.

Después el celebrante dice:

A ustedes, padres y padrinos,
se les confía el cuidado de esta luz,
a fin de que este niño (esta niña),
que ha sido iluminado (iluminada) por Cristo,
camine siempre como hijo (hija) de la luz y,
perseverando en la fe,
pueda salir al encuentro del Señor con todos los santos,
cuando venga al final de los tiempos.

Effetá

En los Estados Unidos, el rito del "Effetá" se lleva a cabo, si al celebrante le parece oportuno, tocando con el dedo pulgar los oídos y la boca del niño, diciendo:

El Señor Jesús,
que hizo oír a los sordos y hablar a los mudos,
te conceda, a su tiempo, escuchar su palabra y profesar la fe,
para alabanza y gloria de Dios Padre.

Todos:

Amén.

Handing On of a Lighted Candle

The celebrant then takes the paschal candle and says:

Receive the light of Christ.

One member of the family (e.g., the father or godfather) lights a candle for the child from the paschal candle.

Then the celebrant says:

Parents and godparents,
this light is entrusted to you to be kept burning brightly,
so that your child, enlightened by Christ,
may walk always as a child of the light
and, persevering in the faith,
may run to meet the Lord when he comes
with all the Saints in the heavenly court.

"Ephphatha"

In the United States, the "Ephphatha" Rite takes place at the discretion of the celebrant. The celebrant touches the ears and mouth of the child with his thumb, saying:

May the Lord Jesus,
who made the deaf to hear and the mute to speak,
grant that you may soon receive his word with your ears
and profess the faith with your lips,
to the glory and praise of God the Father.

All:

Amen.

Conclusión del rito

Si el Bautismo no se celebró en el presbiterio, se hace una procesión al altar, durante la cual se lleva encendida la vela del bautizado.

Se sugiere que en esta procesión se entone un cántico bautismal, por ejemplo:

Los que han sido bautizados en Cristo,
de Cristo se han revestido.
Aleluya, aleluya.

Padrenuestro

El celebrante, de pie ante el altar, se dirige a los padres, a los padrinos y a todos los presentes, con éstas u otras palabras semejantes:

Hermanos (y hermanas): Este niño (esta niña), que ha renacido por el Bautismo, se llama y es hijo (hija) de Dios. Un día recibirá por la Confirmación la plenitud del Espíritu Santo, se acercará al altar del Señor, participará en la mesa de su sacrificio y lo invocará como Padre en medio de su Iglesia.

Ahora nosotros, en nombre de este niño (esta niña), que es ya hijo (hija) por el espíritu de adopción que todos hemos recibido, oremos juntos como Cristo nos enseñó.

Y todos dicen juntamente con el celebrante:

Padre nuestro, que estás en el cielo,
santificado sea tu nombre;
venga a nosotros tu reino;
hágase tu voluntad en la tierra como en el cielo.
Danos hoy nuestro pan de cada día;
perdona nuestras ofensas,
como también nosotros perdonamos
a los que nos ofenden;
no nos dejes caer en la tentación,
y líbranos del mal.

Conclusion of the Rite

Afterwards, unless the Baptism took place in the sanctuary, there is a procession to the altar, in which the lighted candle of the newly baptized child is carried.

Meanwhile, it is desirable that a baptismal canticle be sung, e.g.:

Baptized in Christ,
you are clothed with Christ,
alleluia, alleluia.

Lord's Prayer

The celebrant, standing before the altar, addresses the parents and godparents and all present in these or similar words:

Dear brothers and sisters:
this child, reborn through Baptism,
is now called a child of God, for so indeed he (she) is.

Through Confirmation he (she) will receive the fullness of the Holy Spirit
and, approaching the altar of the Lord,
he (she) will share at the table of his Sacrifice,
and will call upon God as Father in the midst of the Church.
Now in his (her) name,
and in the spirit of adoption as sons and daughters
which we have all received,
let us pray together as the Lord taught us.

And all say together with the celebrant:

Our Father, who art in heaven,
hallowed be thy name;
thy kingdom come,
thy will be done
on earth as it is in heaven.
Give us this day our daily bread,
and forgive us our trespasses,
as we forgive those who trespass against us;
and lead us not into temptation,
but deliver us from evil.

Bendición solemne y despedida

Enseguida, el celebrante bendice a la madre (que sostendrá a su hijo en los brazos), al padre y a todos los presentes:

El Señor Dios todopoderoso,
que por su Hijo, nacido de la Virgen María,
alegra a las madres cristianas con la esperanza de la vida eterna,
que ha hecho brillar sobre sus hijos,
te bendiga a ti, madre de este niño (esta niña),
que te sientes agradecida por haberlo (haberla) recibido,
para que permanezcas siempre con él (ella)
en continua acción de gracias,
en Jesucristo, nuestro Señor.

Todos:

Amén.

Celebrante:

El Señor todopoderoso,
que nos ha dado la vida terrena y la celestial,
te bendiga a ti, padre de este niño (esta niña),
para que juntamente con tu esposa
seas el primero que, de palabra y de obra,
des testimonio de la fe ante tu hijo (hija),
en Jesucristo, nuestro Señor.

Todos:

Amén.

Celebrante:

El Señor todopoderoso,
que nos ha hecho renacer a la vida eterna,
por el agua y el Espíritu Santo,
bendiga abundantemente a todos ustedes,
los aquí presentes,
para que siempre y en todas partes
sean miembros vivos de su pueblo,
y les dé su paz, en Jesucristo, nuestro Señor.

Todos:

Amén.

Blessing and Dismissal

Then the celebrant blesses the mother, holding her child in her arms, the father, and all those present, saying:

The Lord God Almighty,
through his Son, born of the Virgin Mary,
brings joy to Christian mothers
as the hope of eternal life shines forth upon their children.
May he graciously bless the mother of this child,
so that, as she now gives thanks for the gift of her child,
she may always remain united with him (her) in thanksgiving,
in Christ Jesus our Lord.

All:

Amen.

Celebrant:

May the Lord God Almighty,
the giver of life both in heaven and on earth,
bless the father of this child,
so that, together with his wife,
they may, by word and example,
prove to be the first witnesses of the faith to their child,
in Christ Jesus our Lord.

All:

Amen.

Celebrant:

May the Lord God Almighty,
who by water and the Holy Spirit
has given us new birth into eternal life,
abundantly bless his faithful here present,
that always and everywhere they may be active members of his people;
and may he bestow his peace on all who are here,
in Christ Jesus our Lord.

All:

Amen.

Celebrante:

La bendición de Dios todopoderoso,
Padre, Hijo ✠, y Espíritu Santo,
descienda sobre ustedes.

Todos:

Amén.

Celebrante:

Pueden ir en paz.

Todos:

Demos gracias a Dios.

Se pueden utilizar otras fórmulas de bendición opcionales.

Después de la bendición y despedida, si se juzga oportuno, pueden todos entonar un cántico apropiado, que exprese el gozo pascual y la acción de gracias o el *Magnificat*.

Si es oportuno, según la costumbre, se mantiene la tradición de presentar al niño bautizado ante un altar de la santísima Virgen María.

Celebrant:

May almighty God bless you,
the Father, and the Son, ✠ and the Holy Spirit.

All:

Amen.

Celebrant:

Go in peace.

All:

Thanks be to God.

Other optional formulas of blessing may be used.

After the blessing, if circumstances suggest, a suitable canticle that expresses paschal joy and thanksgiving or the Canticle of the Blessed Virgin Mary, the Magnificat, may be sung by all.

Where it is the custom to bring the baptized infant to the altar of the Blessed Virgin Mary, this custom should appropriately be retained.

LECTURAS BÍBLICAS

(*Lectionary for Mass*, nos. 756–760)

Lecturas del Antiguo Testamento

1 Ex 17, 3–7: *Tenemos sed: danos agua para beber.*

Lectura del libro del Éxodo

En aquellos días, el pueblo, torturado por la sed, fue a protestar contra Moisés, diciéndole: "¿Nos has hecho salir de Egipto para hacernos morir de sed a nosotros, a nuestros hijos y a nuestro ganado?". Moisés clamó al Señor y le dijo: "¿Qué puedo hacer con este pueblo? Sólo falta que me apedreen". Respondió el Señor a Moisés: "Preséntate al pueblo, llevando contigo a algunos de los ancianos de Israel, toma en tu mano el cayado con que golpeaste el Nilo y vete. Yo estaré ante ti, sobre la peña, en Horeb. Golpea la peña y saldrá de ella agua para que beba el pueblo".

Así lo hizo Moisés a la vista de los ancianos de Israel y puso por nombre a aquel lugar Masá y Meribá, por la rebelión de los hijos de Israel y porque habían tentado al Señor, diciendo: "¿Está o no está el Señor en medio de nosotros?".

Palabra de Dios.

BIBLICAL READINGS

(*Lectionary for Mass*, nos. 756–760)

Readings from the Old Testament

1 Ex 17:3-7: *Give us water to drink* (Ex 17:2).

A reading from the Book of Exodus

In their thirst for water,
the people grumbled against Moses,
saying, "Why did you ever make us leave Egypt?
Was it just to have us die here of thirst
with our children and our livestock?"
So Moses cried out to the LORD,
"What shall I do with this people?
A little more and they will stone me!"
The LORD answered Moses,
"Go over there in front of the people,
along with some of the elders of Israel,
holding in your hand, as you go,
the staff with which you struck the river.
I will be standing there in front of you on the rock in Horeb.
Strike the rock, and the water will flow from it
for the people to drink."
This Moses did, in the presence of the elders of Israel.
The place was called Massah and Meribah,
because the children of Israel quarreled there
and tested the LORD, saying,
"Is the LORD in our midst or not?"

The word of the Lord.

2 Ez 36, 24–28: *Los rociaré con agua pura y quedarán purificados; los purificaré de todas sus inmundicias e idolatrías.*

Lectura del libro del profeta Ezequiel

Esto dice el Señor: "Los sacaré de entre las naciones, los reuniré de todos los países y los llevaré a su tierra. Los rociaré con agua pura y quedarán purificados; los purificaré de todas sus inmundicias e idolatrías.

Les daré un corazón nuevo y les infundiré un espíritu nuevo; arrancaré de ustedes el corazón de piedra y les daré un corazón de carne. Les infundiré mi espíritu y los haré vivir según mis preceptos, y guardar y cumplir mis mandamientos. Habitarán en la tierra que di a sus padres; ustedes serán mi pueblo y yo seré su Dios".

Palabra de Dios.

3 Ez 47, 1–9. 12: *Vi salir agua del templo: era un agua que daba vida a todos los que la tocaban.*

Lectura del libro del profeta Ezequiel

En aquellos tiempos, un hombre me llevó a la entrada del templo. Por debajo del umbral manaba agua hacia el oriente, pues el templo miraba hacia el oriente, y el agua bajaba por el lado derecho del templo, al sur del altar. Luego me hizo salir por el pórtico del norte y dar la vuelta hasta el pórtico que mira hacia el oriente, y el agua

2 Ez 36:24-28: *I shall pour clean water upon you to cleanse you from all your impurities.*

A reading from the Book of the Prophet Ezekiel

Thus says the Lord GOD:
I will take you away from among the nations,
gather you from all the foreign lands,
and bring you back to your own land.
I will sprinkle clean water upon you
to cleanse you from all your impurities,
and from all your idols I will cleanse you.
I will give you a new heart and place a new spirit within you,
taking from your bodies your stony hearts
and giving you natural hearts.
I will put my spirit within you and make you live by my statutes,
careful to observe my decrees.
You shall live in the land I gave your father;
you shall be my people, and I will be your God.

The word of the Lord.

3 Ez 47:1-9, 12: *I saw water flowing from the temple, and all who were touched by it were saved* (see *Roman Missal*, antiphon for blessing and sprinkling holy water during Easter Time).

A reading from the Book of the Prophet Ezekiel

The angel brought me, Ezekiel,
back to the entrance of the temple of the Lord,
and I saw water flowing out
from beneath the threshold of the temple toward the east,
for the façade of the temple was toward the east;
the water flowed down from the right side of the temple,
south of the altar.
He led me outside by the north gate,
and around to the outer gate facing the east,
where I saw water trickling from the right side.

corría por el lado derecho. Aquel hombre salió hacia el oriente, y con la cuerda que tenía en la mano, midió quinientos metros y me hizo atravesar por el agua, que me daba a los tobillos. Midió otros quinientos metros y me hizo pasar; el agua me daba a las rodillas. Midió quinientos más y me hizo cruzar; el agua me daba a la cintura. Era ya un torrente que yo no podía vadear, pues habían crecido las aguas y no se tocaba el fondo. Entonces me dijo: "¿Has visto, hijo de hombre?".

Después me hizo volver a la orilla del torrente, y al mirar hacia atrás, vi una gran cantidad de árboles en una y otra orilla. Aquel hombre me dijo: "Estas aguas van hacia la región oriental; bajarán hasta el Arabá, entrarán en el mar de aguas saladas y lo sanearán. Todo ser viviente que se mueva por donde pasa el torrente, vivirá; habrá peces en abundancia, porque los lugares a donde lleguen estas aguas quedarán saneados y por dondequiera que el torrente pase, prosperará la vida. En ambas márgenes del torrente crecerán árboles frutales de toda especie, de follaje perenne e inagotables frutos. Darán frutos nuevos cada mes, porque los riegan las aguas que manan del santuario. Sus frutos servirán de alimento y sus hojas, de medicina".

Palabra de Dios.

Then when he had walked off to the east
  with a measuring cord in his hand,
  he measured off a thousand cubits
  and had me wade through the water,
  which was ankle-deep.
He measured off another thousand
  and once more had me wade through the water,
  which was now knee-deep.
Again he measured off a thousand and had me wade;
  the water was up to my waist.
Once more he measured off a thousand,
  but there was now a river through which I could not wade;
  for the water had risen so high it had become a river
  that could not be crossed except by swimming.
He asked me, "Have you seen this, son of man?"
Then he brought me to the bank of the river, where he had me sit.
Along the bank of the river I saw very many trees on both sides.
He said to me,
  "This water flows into the eastern district down upon the Arabah,
  and empties into the sea, the salt waters, which it makes fresh.
Wherever the river flows,
  every sort of living creature that can multiply shall live,
  and there shall be abundant fish,
  for wherever this water comes the sea shall be made fresh.
Along both banks of the river, fruit trees of every kind shall grow;
  their leaves shall not fade, nor their fruit fail.
Every month they shall bear fresh fruit,
  for they shall be watered by the flow from the sanctuary.
Their fruit shall serve for food, and their leaves for medicine."

The word of the Lord.

Lecturas del Nuevo Testamento

1 Rom 6, 3–5: *Por el bautismo hemos sido incorporados a su muerte, para que llevemos una vida nueva.*

Lectura de la carta del apóstol san Pablo a los romanos

Hermanos: Todos los que hemos sido incorporados a Cristo Jesús por medio del bautismo, hemos sido incorporados a su muerte. En efecto, por el bautismo fuimos sepultados con él en su muerte, para que, así como Cristo resucitó de entre los muertos por la gloria del Padre, así también nosotros llevemos una vida nueva.

Porque, si hemos estado íntimamente unidos a él por una muerte semejante a la suya, también lo estaremos en su resurrección.

Palabra de Dios.

2 Rom 8, 28–32: *Los predestina para que reproduzcan en sí mismos la imagen de su Hijo.*

Lectura de la carta del apóstol san Pablo a los romanos

Hermanos: Ya sabemos que todo contribuye para bien de los que aman a Dios, de aquellos que han sido llamados por él según su designio salvador.

En efecto, a quienes conoce de antemano, los predestina para que reproduzcan en sí mismos la imagen de su propio Hijo, a fin de que él sea el primogénito entre muchos hermanos. A quienes predestina, los llama; a quienes llama, los justifica; y a quienes justifica, los glorifica.

¿Qué podemos añadir? Si Dios está a nuestro favor, ¿quién estará en contra nuestra? El que no nos escatimó a su propio Hijo, sino que lo entregó por todos nosotros, ¿cómo no va a estar dispuesto a dárnoslo todo, junto con su Hijo?

Palabra de Dios.

Readings from the New Testament

1 Rom 6:3-5: *Buried with him through baptism into death, we too might live in newness of life.*

A reading from the Letter of Saint Paul to the Romans

Brothers and sisters:
Are you unaware that we who were baptized into Christ Jesus
were baptized into his death?
We were indeed buried with him through baptism into death,
so that, just as Christ was raised from the dead
by the glory of the Father,
we too might live in newness of life.

For if we have grown into union with him through a death like his,
we shall also be united with him in the resurrection.

The word of the Lord.

2 Rom 8:28-32: *To be conformed to the image of his Son.*

A reading from the Letter of Saint Paul to the Romans

Brothers and sisters:
We know that all things work for good for those who love God,
who are called according to his purpose.
For those he foreknew he also predestined
to be conformed to the image of his Son,
so that he might be the firstborn
among many brothers.
And those he predestined he also called;
and those he called he also justified;
and those he justified he also glorified.

What then shall we say to this?
If God is for us, who can be against us?
He who did not spare his own Son
but handed him over for us all,
how will he not also give us everything else along with him?

The word of the Lord.

3 1 Cor 12, 12–13: *Todos nosotros hemos recibido en el bautismo un mismo Espíritu, para formar un solo cuerpo.*

Lectura de la primera carta del apóstol san Pablo a los corintios

Hermanos: Así como el Cuerpo es uno y tiene muchos miembros y todos ellos, a pesar de ser muchos, forman un solo cuerpo, así también es Cristo. Porque todos nosotros, seamos judíos o no judíos, esclavos o libres, hemos sido bautizados en un mismo Espíritu para formar un solo cuerpo, y a todos se nos ha dado a beber del mismo Espíritu.

Palabra de Dios.

4 Gal 3, 26–28: *Todos ustedes, los que han sido bautizados se han revestido de Cristo.*

Lectura de la carta del apóstol san Pablo a los gálatas

Hermanos: Todos ustedes son hijos de Dios por la fe en Cristo Jesús, pues cuantos han sido incorporados a Cristo por medio del bautismo, se han revestido de Cristo. Ya no existe diferencia entre judíos y no judíos, entre esclavos y libres, entre varón y mujer, porque todos ustedes son uno en Cristo Jesús.

Palabra de Dios.

3 1 Cor 12:12-13: *For in one Spirit we were all baptized into one Body.*

A reading from the first Letter of Saint Paul to the Corinthians

Brothers and sisters:
As a body is one though it has many parts,
and all the parts of the body, though many, are one body,
so also Christ.
For in one Spirit we were all baptized into one Body,
whether Jews or Greeks, slaves or free persons,
and we were all given to drink of one Spirit.

The word of the Lord.

4 Gal 3:26-28: *All of you who were baptized into Christ have clothed yourselves with Christ.*

A reading from the Letter of Saint Paul to the Galatians

Brothers and sisters:
Through faith you are all children of God in Christ Jesus.
For all of you who were baptized into Christ
have clothed yourselves with Christ.
There is neither Jew nor Greek,
there is neither slave nor free person,
there is not male and female;
for you are all one in Christ Jesus.

The word of the Lord.

5 Ef 4, 1–6: *Un solo Señor, una sola fe, un solo bautismo.*

Lectura de la carta del apóstol san Pablo a los efesios

Hermanos: Yo, Pablo, prisionero por la causa del Señor, los exhorto a que lleven una vida digna del llamamiento que han recibido. Sean siempre humildes y amables; sean comprensivos y sopórtense mutuamente con amor; esfuércense en mantenerse unidos en el espíritu con el vínculo de la paz.

Porque no hay más que un solo cuerpo y un solo Espíritu, como es también solo una la esperanza del llamamiento que ustedes han recibido. Un solo Señor, una sola fe, un solo bautismo, un solo Dios y Padre de todos, que reina sobre todos, actúa a través de todos y vive en todos.

Palabra de Dios.

6 1 Pe 2, 4–5. 9–10: *Ustedes son estirpe elegida y sacerdocio real.*

Lectura de la primera carta del apóstol san Pedro

Hermanos: Acérquense al Señor Jesús, la piedra viva, rechazada por los hombres, pero escogida y preciosa a los ojos de Dios; porque ustedes también son piedras vivas, que van entrando en la edificación del templo espiritual, para formar un sacerdocio santo, destinado a ofrecer sacrificios espirituales, agradables a Dios, por medio de Jesucristo.

Ustedes son estirpe elegida, sacerdocio real, nación consagrada a Dios y pueblo de su propiedad, para que proclamen las obras maravillosas de aquel que los llamó de las tinieblas a su luz admirable. Ustedes, los que antes no eran pueblo, ahora son pueblo de Dios; ustedes, los que antes no habían alcanzado misericordia, ahora han alcanzado misericordia.

Palabra de Dios.

5 Eph 4:1-6: *There is one Lord, one faith, one baptism.*

A reading from the Letter of Saint Paul to the Ephesians

Brothers and sisters:
I, a prisoner for the Lord,
urge you to live in a manner worthy of the call you have received,
with all humility and gentleness, with patience,
bearing with one another through love,
striving to preserve the unity of the spirit
through the bond of peace:
one Body and one Spirit,
as you were also called to the one hope of your call;
one Lord, one faith, one baptism;
one God and Father of all,
who is over all and through all and in all.

The word of the Lord.

6 1 Pt 2:4-5, 9-10: *You are a chosen race, a royal priesthood.*

A reading from the first Letter of Saint Peter

Beloved:
Come to the Lord, a living stone, rejected by human beings
but chosen and precious in the sight of God,
and, like living stones,
let yourselves be built into a spiritual house
to be a holy priesthood to offer spiritual sacrifices
acceptable to God through Jesus Christ.

You are "a chosen race, a royal priesthood,
a holy nation, a people of his own,
so that you may announce the praises" of him
who called you out of darkness into his wonderful light.

Once you were "no people"
but now you are God's people;
you "had not received mercy"
but now you have received mercy.

The word of the Lord.

Salmos Responsoriales

1 Salmo 23 (22), 1–3. 4. 5. 6

℟. **El Señor es mi pastor, nada me falta.**

El Señor es mi pastor, nada me falta;
en verdes praderas me hace recostar;
me conduce hacia fuentes tranquilas
y repara mis fuerzas;
me guía por el sendero justo,
por el honor de su nombre. ℟.

Aunque camine por cañadas oscuras,
nada temo, porque tú vas conmigo:
tu vara y tu cayado me sosiegan. ℟.

Preparas una mesa ante mí,
enfrente de mis enemigos;
me unges la cabeza con perfume,
y mi copa rebosa. ℟.

Tu bondad y tu misericordia me acompañan
todos los días de mi vida,
y habitaré en la casa del Señor
por años sin término. ℟.

Responsorial Psalms

1 Ps 23 (22):1-3a, 3b-4, 5, 6

℟. (1) **The Lord is my shepherd; there is nothing I shall want.**

The Lord is my shepherd;
there is nothing I shall want.
Fresh and green are the pastures
where he gives me repose.
Near restful waters he leads me;
he revives my soul. ℟.

He guides me along the right path,
for the sake of his name.
Though I should walk in the valley of the shadow of death,
no evil would I fear, for you are with me.
Your crook and your staff will give me comfort. ℟.

You have prepared a table before me
in the sight of my foes.
My head you have anointed with oil;
my cup is overflowing. ℟.

Surely goodness and mercy shall follow me
all the days of my life.
In the Lord's own house shall I dwell
for length of days unending. ℟.

2 Salmo 27 (26), 1. 4. 8b–9abc. 13–14

℟. **El Señor es mi luz y mi salvación.**

O bien:

℟. **Despierta, tú que duermes;**
levántate de entre los muertos, y Cristo será tu luz.

El Señor es mi luz y mi salvación,
¿a quién temeré?
El Señor es la defensa de mi vida,
¿quién me hará temblar? ℟.

Una cosa pido al Señor,
eso buscaré:
habitar en la casa del Señor
por los días de mi vida;
gozar de la dulzura del Señor,
contemplando su templo. ℟.

Tu rostro buscaré, Señor.
No me escondas tu rostro.
No rechaces con ira a tu siervo,
que tú eres mi auxilio. ℟.

Espero gozar de la dicha del Señor
en el país de la vida.
Espera en el Señor, sé valiente,
ten ánimo, espera en el Señor. ℟.

2 Ps 27 (26):1, 4, 8b-9abcd, 13-14

℟. (1a) **The Lord is my light and my salvation.**
or:
℟. (Eph 5:14) **Wake up and rise from death: Christ will shine upon you!**

The LORD is my light and my salvation;
whom shall I fear?
The LORD is the stronghold of my life;
whom should I dread? ℟.

There is one thing I ask of the LORD,
only this do I seek:
to live in the house of the LORD
all the days of my life,
to gaze on the beauty of the LORD,
to inquire at his temple. ℟.

It is your face, O LORD, that I seek;
hide not your face from me.
Dismiss not your servant in anger;
you have been my help.
Do not abandon me. ℟.

I believe I shall see the LORD's goodness
in the land of the living.
Wait for the LORD; be strong;
be stouthearted, and wait for the LORD! ℟.

3 Salmo 34 (33), 2–3. 6–7. 8–9. 14–15. 16–17. 18–19

℟. **Contémplenlo, y quedarán radiantes.**

O bien:

℟. **Gusten y vean qué bueno es el Señor.**

Bendigo al Señor en todo momento,
su alabanza está siempre en mi boca;
mi alma se gloría en el Señor:
que los humildes lo escuchen y se alegren. ℟.

Contémplenlo, y quedarán radiantes,
su rostro no se avergonzará.
El afligido invocó al Señor,
él lo escuchó y lo salvó de sus angustias. ℟.

El ángel del Señor acampa
en torno a quienes lo temen y los protege.
Gusten y vean qué bueno es el Señor,
dichoso el que se acoge a él. ℟.

Guarda tu lengua del mal,
tus labios de la falsedad;
apártate del mal, obra el bien,
busca la paz y corre tras ella. ℟.

Los ojos del Señor miran a los justos,
sus oídos escuchan sus gritos;
pero el Señor se enfrenta con los malhechores,
para borrar de la tierra su memoria. ℟.

Cuando uno grita, el Señor lo escucha
y lo libra de sus angustias;
el Señor está cerca de los atribulados,
salva a los abatidos. ℟.

3 Ps 34 (33):2-3, 6-7, 8-9, 14-15, 16-17, 18-19

℟. (6a) **Look to him, that you may be radiant with joy!**
or:
℟. (9a) **Taste and see the goodness of the Lord.**

I will bless the LORD at all times;
praise of him is always in my mouth.
In the LORD my soul shall make its boast;
the humble shall hear and be glad. ℟.

Look toward him and be radiant;
let your faces not be abashed.
This lowly one called; the LORD heard,
and rescued him from all his distress. ℟.

The angel of the LORD is encamped
around those who fear him, to rescue them.
Taste and see that the LORD is good.
Blessed the man who seeks refuge in him. ℟.

Guard your tongue from evil,
and your lips from speaking deceit.
Turn aside from evil and do good.
Seek after peace, and pursue it. ℟.

The LORD turns his eyes to the just one,
and his ears are open to his cry.
The LORD turns his face against the wicked
to cut off their remembrance from the earth. ℟.

When the just one cries out, the LORD hears,
and rescues him in all his distress.
The LORD is close to the brokenhearted;
those whose spirit is crushed he will save. ℟.

Aclamaciones antes del Evangelio

1 Jn 3, 16

Tanto amó Dios al mundo, que le entregó a su Hijo único, para que todo el que crea en él tenga vida eterna.

2 Jn 8, 12

Yo soy la luz del mundo, dice el Señor;
el que me sigue tendrá la luz de la vida.

3 Jn 14, 6

Yo soy el camino, la verdad y la vida.
Nadie va al Padre, si no es por mí, dice el Señor.

4 Ef 4, 5-6

Un solo Señor, una sola fe, un solo bautismo, un solo Dios y Padre de todos.

5 Cfr. 2 Tim 1, 10

Jesucristo, nuestro salvador, ha vencido la muerte
y ha hecho resplandecer la vida por medio del Evangelio.

6 1 Pe 2, 9

Ustedes son linaje escogido, sacerdocio real,
nación consagrada a Dios,
para que proclamen las obras maravillosas
de aquel que los llama de las tinieblas a su luz admirable.

Alleluia Verse and Verse before the Gospel

1 Jn 3:16

God so loved the world that he gave his only-begotten Son,
so that everyone who believes in him might have eternal life.

2 Jn 8:12

I am the light of the world, says the Lord;
whoever follows me will have the light of life.

3 Jn 14:6

I am the way and the truth and the life, says the Lord;
no one comes to the Father, except through me.

4 Eph 4:5-6

There is one Lord, one faith, one baptism,
one God and the Father of all.

5 Cf. 2 Tm 1:10

Our Savior Jesus Christ has destroyed death
and brought life to light through the Gospel.

6 1 Pt 2:9

You are a chosen race, a royal priesthood, a holy nation:
announce the praises of him who called you
out of darkness into his wonderful light.

Evangelios

1 Mt 22, 35–40: *Éste es el más grande y el primero de los mandamientos.*

✠ Lectura del santo Evangelio según san Mateo

En aquel tiempo, un fariseo que era doctor de la ley, le preguntó a Jesús, para ponerlo a prueba: "Maestro, ¿cuál es el mandamiento más grande de la ley?".

Jesús le respondió: "Amarás al Señor, tu Dios, con todo tu corazón, con toda tu alma y con toda tu mente. Éste es el más grande y el primero de los mandamientos. Y el segundo es semejante a éste: Amarás a tu prójimo como a ti mismo. En estos dos mandamientos se fundan toda la ley y los profetas".

Palabra del Señor.

2 Mt 28, 18–20: *Enseñen a todas las naciones, bautizándolas en el nombre del Padre y del Hijo y del Espíritu Santo.*

✠ Lectura del santo Evangelio según san Mateo

"Me ha sido dado todo poder en el cielo y en la tierra. Vayan, pues, y enseñen a todas las naciones, bautizándolas en el nombre del Padre y del Hijo y del Espíritu Santo, y enseñándolas a cumplir todo cuanto yo les he mandado; y sepan que yo estaré con ustedes, todos los días, hasta el fin del mundo".

Palabra del Señor.

Gospel

1 Mt 22:35-40: *This is the greatest and the first commandment.*

✠ A reading from the holy Gospel according to Matthew

One of the Pharisees, a scholar of the law, tested Jesus by asking,
"Teacher, which commandment in the law is the greatest?"
He said to him,
"You shall love the Lord, your God, with all your heart,
with all your soul, and with all your mind.
This is the greatest and the first commandment.
The second is like it:
You shall love your neighbor as yourself.
The whole law and the prophets depend on these two commandments."

The Gospel of the Lord.

2 Mt 28:18-20: *Go, therefore, and make disciples of all nations, baptizing them in the name of the Father, and of the Son, and of the Holy Spirit.*

✠ A reading from the holy Gospel according to Matthew

Jesus said to the Eleven disciples,
"All power in heaven and on earth has been given to me.
Go, therefore, and make disciples of all nations,
baptizing them in the name of the Father,
and of the Son, and of the Holy Spirit,
teaching them to observe all that I have commanded you.
And behold, I am with you always, until the end of the age.

The Gospel of the Lord.

3 Mc 1, 9–11: *Jesús fue bautizado por Juan en el Jordán y se vio el Espíritu descender sobre él.*

✠ Lectura del santo Evangelio según san Marcos

Por aquellos días, vino Jesús desde Nazaret de Galilea y fue bautizado por Juan en el Jordán. Al salir Jesús del agua, vio que los cielos se rasgaban y que el Espíritu, en figura de paloma, descendía sobre él. Se oyó entonces una voz del cielo que decía: "Tú eres mi Hijo amado; yo tengo en ti mis complacencias".

Palabra del Señor.

4 Mc 10, 13–16: *Dejen que los niños se acerquen a mí.*

✠ Lectura del santo Evangelio según san Marcos

En aquel tiempo, la gente le llevó a Jesús unos niños para que los tocara, pero los discípulos trataban de impedirlo.

Al ver aquello, Jesús se disgustó y les dijo: "Dejen que los niños se acerquen a mí y no se lo impidan, porque el Reino de Dios es de los que son como ellos. Les aseguro que el que no reciba el Reino de Dios como un niño, no entrará en él".

Después tomó en brazos a los niños y los bendijo imponiéndoles las manos.

Palabra del Señor.

5 Forma larga Mc 12, 28–34: *Escucha, Israel: amarás al Señor, tu Dios, con todo tu corazón.*

✠ Lectura del santo Evangelio según san Marcos

En aquel tiempo, uno de los escribas se acercó a Jesús y le preguntó: "¿Cuál es el primero de todos los mandamientos?". Jesús le respondió: "El primero es: Escucha, Israel: El Señor, nuestro Dios,

3 Mk 1:9-11: *Jesus was baptized in the Jordan by John.*

✠ A reading from the holy Gospel according to Mark

Jesus came from Nazareth of Galilee
and was baptized in the Jordan by John.
On coming up out of the water he saw the heavens being torn open
and the Spirit, like a dove, descending upon him.
And a voice came from the heavens,
"You are my beloved Son; with you I am well pleased."

The Gospel of the Lord.

4 Mk 10:13-16: *Let the children come to me; do not prevent them.*

✠ A reading from the holy Gospel according to Mark

People were bringing children to Jesus that he might touch them,
but the disciples rebuked them.
When Jesus saw this he became indignant and said to them,
"Let the children come to me; do not prevent them,
for the Kingdom of God belongs to such as these.
Amen, I say to you,
whoever does not accept the Kingdom of God like a child
will not enter it."
Then he embraced them and blessed them,
placing his hands on them.

The Gospel of the Lord.

5 Long Form Mk 12:28b-34: *Hear O Israel! You shall love the Lord, your God, with all your heart.*

✠ A reading from the holy Gospel according to Mark

One of the scribes came to Jesus and asked him,
"Which is the first of all the commandments?"
Jesus replied, "The first is this:
Hear, O Israel!
The Lord our God is Lord alone!

es el único Señor; amarás al Señor, tu Dios, con todo tu corazón, con toda tu alma, con toda tu mente y con todas tus fuerzas. El segundo es éste: Amarás a tu prójimo como a ti mismo. No hay ningún mandamiento mayor que éstos".

El escriba replicó: "Muy bien, Maestro. Tienes razón, cuando dices que el Señor es único y que no hay otro fuera de él, y amarlo con todo el corazón, con toda el alma, con todas las fuerzas, y amar al prójimo como a uno mismo, vale más que todos los holocaustos y sacrificios".

Jesús, viendo que había hablado muy sensatamente, le dijo: "No estás lejos del Reino de Dios". Y ya nadie se atrevió a hacerle más preguntas.

Palabra del Señor.

O bien: Forma breve Mc 12, 28–31: *Escucha, Israel: amarás al Señor, tu Dios, con todo tu corazón.*

✠ Lectura del santo Evangelio según san Marcos

En aquel tiempo, uno de los escribas se acercó a Jesús y le preguntó: "¿Cuál es el primero de todos los mandamientos?". Jesús le respondió: "El primero es: Escucha, Israel: El Señor, nuestro Dios, es el único Señor; amarás al Señor, tu Dios, con todo tu corazón, con toda tu alma, con toda tu mente y con todas tus fuerzas. El segundo es éste: Amarás a tu prójimo como a ti mismo. No hay ningún mandamiento mayor que éstos".

Palabra del Señor.

You shall love the Lord your God with all your heart,
with all your soul, with all your mind,
and with all your strength.
The second is this:
You shall love your neighbor as yourself.
There is no other commandment greater than these."
The scribe said to him,
"Well said, teacher. You are right in saying,
'He is One and there is no other than he.'
And 'to love him with all your heart,
with all your understanding,
with all your strength,
and to love your neighbor as yourself'
is worth more than all burnt offerings and sacrifices."
And when Jesus saw that he answered with understanding,
he said to him,
"You are not far from the Kingdom of God."
And no one dared to ask him any more questions.

The Gospel of the Lord.

or Short Form Mk 12:28b-31: *Hear O Israel! You shall love the Lord, your God, with all your heart.*

✠ A reading from the holy Gospel according to Mark

One of the scribes came to Jesus and asked him,
"Which is the first of all the commandments?"
Jesus replied, "The first is this:
Hear, O Israel!
The Lord our God is Lord alone!
You shall love the Lord your God with all your heart,
with all your soul, with all your mind,
and with all your strength.
The second is this:
You shall love your neighbor as yourself.
There is no other commandment greater than these."

The Gospel of the Lord.

6 Jn 3, 1–6: *Quien no nace del agua y del Espíritu no puede entrar en el Reino de Dios.*

✠ Lectura del santo Evangelio según san Juan

Había un fariseo llamado Nicodemo, hombre principal entre los judíos, que fue de noche a ver a Jesús y le dijo: "Maestro, sabemos que has venido de parte de Dios, como maestro; porque nadie puede hacer las señales milagrosas que tú haces, si Dios no está con él".

Jesús le contestó: "Yo te aseguro que quien no renace de lo alto, no puede ver el Reino de Dios". Nicodemo le preguntó: "¿Cómo puede nacer un hombre siendo ya viejo? ¿Acaso puede, por segunda vez, entrar en el vientre de su madre y volver a nacer?".

Le respondió Jesús: "Yo te aseguro que el que no nace del agua y del Espíritu, no puede entrar en el Reino de Dios. Lo que nace de la carne, es carne; lo que nace del Espíritu, es espíritu".

Palabra del Señor.

7 Jn 4, 5–14: *Un manantial capaz de dar la vida eterna.*

✠ Lectura del santo Evangelio según san Juan

En aquel tiempo, llegó Jesús a un pueblo de Samaria, llamado Sicar, cerca del campo que dio Jacob a su hijo José. Ahí estaba el pozo de Jacob. Jesús, que venía cansado del camino, se sentó sin más en el brocal del pozo. Era cerca del mediodía.

Entonces llegó una mujer de Samaria a sacar agua y Jesús le dijo. "Dame de beber" (sus discípulos habían ido al pueblo a comprar

6 Jn 3:1-6: *No one can see the Kingdom of God without being born from above.*

✠ A reading from the holy Gospel according to John

There was a Pharisee named Nicodemus, a ruler of the Jews.
He came to Jesus at night and said to him,
"Rabbi, we know that you are a teacher who has come from God,
for no one can do these signs that you are doing
unless God is with him."
Jesus answered and said to him,
"Amen, amen, I say to you,
unless one is born from above,
he cannot see the Kingdom of God."
Nicodemus said to him,
"How can a man once grown old be born again?
Surely he cannot reenter his mother's womb and be born again, can he?"
Jesus answered,
"Amen, amen, I say to you,
unless one is born of water and Spirit
he cannot enter the Kingdom of God.
What is born of flesh is flesh
and what is born of spirit is spirit."

The Gospel of the Lord.

7 Jn 4:5-14: *A spring of water welling up to eternal life.*

✠ A reading from the holy Gospel according to John

Jesus came to a town of Samaria called Sychar,
near the plot of land that Jacob had given to his son Joseph.
Jacob's well was there.
Jesus, tired from his journey, sat down there at the well.
It was about noon.

A woman of Samaria came to draw water.
Jesus said to her,
"Give me a drink."
His disciples had gone into the town to buy food.

comida). La samaritana le contestó: "¿Cómo es que siendo judío, me pides de beber a mí, que soy samaritana?" (Porque los judíos no tratan a los samaritanos). Jesús le dijo: "Si conocieras el don de Dios y quién es el que te pide de beber, tú le pedirías a él, y él te daría agua viva".

La mujer le respondió: "Señor, ni siquiera tienes con que sacar agua y el pozo es profundo, ¿cómo vas a darme agua viva? ¿Acaso eres tú más que nuestro padre Jacob, que nos dio este pozo, del que bebieron él, sus hijos y sus ganados?". Jesús le contestó: "El que bebe de esta agua vuelve a tener sed. Pero el que beba del agua que yo le daré, nunca más tendrá sed; el agua que yo le daré se convertirá dentro de él en un manantial capaz de dar la vida eterna".

Palabra del Señor.

8 Jn 6, 44–47: *El que cree en mí tiene vida eterna.*

✠ Lectura del santo Evangelio según san Juan

En aquel tiempo, Jesús dijo a la multitud: "Nadie puede venir a mí, si no lo atrae el Padre, que me ha enviado; y a ese yo lo resucitaré el último día. Está escrito en los profetas: Todos serán discípulos de Dios. Todo aquel que escucha al Padre y aprende de él, se acerca a mí. No es que alguien haya visto al Padre, fuera de aquel que procede de Dios. Ese sí ha visto al Padre. Yo les aseguro: el que cree en mí, tiene vida eterna".

Palabra del Señor.

The Samaritan woman said to him,
"How can you, a Jew, ask me, a Samaritan woman, for a drink?"
—For Jews use nothing in common with Samaritans.—
Jesus answered and said to her,
"If you knew the gift of God
and who is saying to you, 'Give me a drink,'
you would have asked him
and he would have given you living water."
The woman said to him,
"Sir, you do not even have a bucket and the cistern is deep;
where then can you get this living water?
Are you greater than our father Jacob,
who gave us this cistern and drank from it himself
with his children and his flocks?"
Jesus answered and said to her,
"Everyone who drinks this water will be thirsty again;
but whoever drinks the water I shall give will never thirst;
the water I shall give will become in him
a spring of water welling up to eternal life."

The Gospel of the Lord.

8 Jn 6:44-47: *Whoever believes has eternal life.*

✠ A reading from the holy Gospel according to John

Jesus said to the crowds:
"No one can come to me unless the Father who sent me draw him,
and I will raise him on the last day.
It is written in the prophets:
They shall all be taught by God.
Everyone who listens to my Father and learns from him comes to me.
Not that anyone has seen the Father
except the one who is from God;
he has seen the Father.
Amen, amen, I say to you,
whoever believes has eternal life."

The Gospel of the Lord.

9 Jn 7, 37–39: *Brotarán ríos de agua viva.*

✠ Lectura del santo Evangelio según san Juan

El último día de la fiesta exclamó Jesús en voz alta: "El que tenga sed, que venga a mí; y beba, aquel que cree en mí. Como dice la Escritura: Del corazón del que cree en mí brotarán ríos de agua viva".

Al decir esto, se refería al Espíritu Santo que habían de recibir los que creyeran en él.

Palabra del Señor.

10 Jn 9, 1–7: *Fue, se lavó y volvió con vista.*

✠ Lectura del santo Evangelio según san Juan

En aquel tiempo, Jesús vio, al pasar, a un ciego de nacimiento y sus discípulos le preguntaron: "Maestro, ¿quién pecó para que éste naciera ciego, él o sus padres?". Jesús respondió: "Ni él pecó, ni tampoco sus padres. Nació así para que en él se manifestaran las obras de Dios. Es necesario que yo haga las obras del que me envió, mientras es de día, porque luego llega la noche y ya nadie puede trabajar. Mientras esté en el mundo, yo soy la luz del mundo".

Dicho esto, escupió en el suelo, hizo lodo con la saliva, se lo puso en los ojos al ciego y le dijo: "Ve a lavarte en la piscina de Siloé" (que significa 'Enviado'). Él fue, se lavó y volvió con vista.

Palabra del Señor.

9 Jn 7:37b-39a: *Rivers of living water will flow.*

✠ A reading from the holy Gospel according to John

Jesus stood up and exclaimed,
"Let anyone who thirsts come to me and drink.
Whoever believes in me, as Scripture says:
Rivers of living water will flow from within him."
He said this in reference to the Spirit
that those who came to believe in him were to receive.

The Gospel of the Lord.

10 Jn 9:1-7: *So he went and washed and came back able to see.*

✠ A reading from the holy Gospel according to John

As Jesus passed by he saw a man blind from birth.
His disciples asked him,
"Rabbi, who sinned, this man or his parents,
that he was born blind?"
Jesus answered,
"Neither he nor his parents sinned;
it is so that the works of God might be made visible through him.
We have to do the works of the one who sent me while it is day.
Night is coming when no one can work.
While I am in the world, I am the light of the world."
When he had said this, he spat on the ground
and made clay with the saliva,
and smeared the clay on his eyes, and said to him,
"Go wash in the Pool of Siloam" (which means Sent).
So he went and washed, and came back able to see.

The Gospel of the Lord.

11 Jn 15, 1–11: *El que permanece en mí y yo en él, ése da fruto abundante.*

✠ Lectura del santo Evangelio según san Juan

En aquel tiempo, Jesús dijo a sus discípulos: "Yo soy la verdadera vid y mi Padre es el viñador. Al sarmiento que no da fruto en mí, él lo arranca, y al que da fruto lo poda para que dé más fruto. Ustedes ya están purificados por las palabras que les he dicho. Permanezcan en mí y yo en ustedes. Como el sarmiento no puede dar fruto por sí mismo, si no permanece en la vid, así tampoco ustedes si no permanecen en mí. Yo soy la vid, ustedes los sarmientos; el que permanece en mí y yo en él, ése da fruto abundante, porque sin mí nada puede hacer. Al que no permanece en mí se le echa fuera, como al sarmiento, y se seca; luego lo recogen, lo arrojan al fuego y arde.

Si permanecen en mí y mis palabras permanecen en ustedes, pidan lo que quieran y se les concederá. La gloria de mi Padre consiste en que den mucho fruto y se manifiesten así como discípulos míos.

Como el Padre me ama, así los amo yo. Permanezcan en mi amor. Si cumplen mis mandamientos, permanecen en mi amor; lo mismo que yo cumplo los mandamientos de mi Padre y permanezco en su amor. Les he dicho esto para que mi alegría esté en ustedes y su alegría sea plena".

Palabra del Señor.

11 Jn 15:1-11: *Whoever remains in me and I in him will bear much fruit.*

✠ A reading from the holy Gospel according to John

Jesus said to his disciples:
"I am the true vine, and my Father is the vine grower.
He takes away every branch in me that does not bear fruit,
  and everyone that does he prunes so that it bears more fruit.
You are already pruned because of the word that I spoke to you.
Remain in me, as I remain in you.
Just as a branch cannot bear fruit on its own
  unless it remains on the vine,
  so neither can you unless you remain in me.
I am the vine, you are the branches.
Whoever remains in me and I in him will bear much fruit,
  because without me you can do nothing.
Anyone who does not remain in me
  will be thrown out like a branch and wither;
  people will gather them and throw them into a fire
  and they will be burned.
If you remain in me and my words remain in you,
  ask for whatever you want and it will be done for you.
By this is my Father glorified,
  that you bear much fruit and become my disciples.
As the Father loves me, so I also love you.
Remain in my love.
If you keep my commandments, you will remain in my love,
  just as I have kept my Father's commandments
  and remain in his love.

"I have told you this so that my joy may be in you
  and your joy may be complete."

The Gospel of the Lord.

12 Jn 19, 31–35: *Traspasó su costado y salió sangre y agua.*

✠ Lectura del santo Evangelio según san Juan

Los judíos, como era el día de la preparación de la Pascua, para que los cuerpos de los ajusticiados no se quedaran en la cruz el sábado, porque aquel sábado era un día muy solemne, pidieron a Pilato que les quebraran las piernas y los quitaran de la cruz. Fueron los soldados, le quebraron las piernas a uno y luego al otro de los que habían sido crucificados con Jesús. Pero al llegar a él, viendo que ya había muerto, no le quebraron las piernas, sino que uno de los soldados le traspasó el costado con una lanza e inmediatamente salió sangre y agua. El que vio da testimonio de esto y su testimonio es verdadero y él sabe que dice la verdad, para que también ustedes crean.

Palabra del Señor.

12 Jn 19:31-35: *One soldier thrust his lance into his side, and immediately Blood and water flowed out.*

✠ A reading from the holy Gospel according to John

Since it was preparation day,
in order that the bodies might not remain on the cross on the sabbath,
for the sabbath day of that week was a solemn one,
the Jews asked Pilate that their legs be broken
and they be taken down.
So the soldiers came and broke the legs of the first
and then of the other one who was crucified with Jesus.
But when they came to Jesus and saw that he was already dead,
they did not break his legs,
but one soldier thrust his lance into his side,
and immediately Blood and water flowed out.
An eyewitness has testified, and his testimony is true;
he knows that he is speaking the truth,
so that you also may come to believe.

The Gospel of the Lord.